Inhaltverzeichnis

Lapbooks im Unterricht

Die Kinder trainieren das selbstständige Arbeiten.

Es werden verschiedene Lernkanäle aktiviert.

Lapbooks machen Spaß und sehen toll aus!

Die Kinder beschäftigen sich intensiv mit einem Thema.

Lapbooks eignen sich ideal zur Präsentation von Lernergebnissen – auch ideal für die Alternative Leistungsmessung.

Durch die Vielzahl und Verschiedenheit der Lapbookvorlagen kann differenziert werden.

Jedes Lapbook ist ein individuelles Lernergebnis.

Lapbooks schulen die Feinmotorik.

Wanda Einstein

Geschichte-Lapbooks für den Sachunterricht

Materialien zur Erarbeitung der Themen Dinosaurier, Steinzeit, Römer und Mittelalter

2. Auflaage 2022

Autor*innen: Wanda Einstein
Covergestaltung: Nicole Sandner, Nordendorf
Illustrationen: Corina Beurenmeister
Satz: Fotosatz H. Buck, Kumhausen
Druck und Bindung: Korrekt Nyomdaipari Kft., Budapest
ISBN 978-3-403-**08349**-8

www.auer-verlag.de

Hinweise zu Vorgehen, Bewertung und Material

Vorgehen:

Die Schüler wählen selbst die Vorlagen aus, die sie bearbeiten möchten, oder die Lehrkraft trifft eine Auswahl.
Zur Veranschaulichung können vorgebastelte Vorlagen oder ein fertiges Lapbook zur Verfügung gestellt werden.
Die fertigen Lapbooks können im Klassenzimmer ausgelegt werden oder von den einzelnen Schülern präsentiert werden.

Bewertung:

Bewertet wird das Lapbook anhand fester Kriterien. Diese werden im Vorfeld kommuniziert und besprochen. Verwenden Sie dazu den Bewertungsbogen, auf dem die entsprechenden Kriterien aufgelistet sind.
Der Bewertungsbogen kann auf die Rückseite des Lapbooks geklebt werden.

Vorlagen:

- Arbeitsblatt mit Information, Bastelanleitung und Arbeitsauftrag
- Bastelvorlage

Arbeitsmaterial:

- pro Schüler ein Tonkarton (DIN A3)
- Aufbewahrungsmöglichkeit für die fertigen Lapbookvorlagen (Umschlag, Kiste, Prospekthülle)
- persönliche Arbeitsmaterialien: Schere, Klebstoff, Schreibstifte, Buntstifte
- für ausgewählte Lapbookvorlagen zusätzliche Arbeitsmaterialien wie Musterklammern und ein Heftgerät (Tacker)
- Recherche- und Anschauungsmaterialien:
  Bücher passend zum Thema (Lesebücher, Bilderbücher, Kinderlexika, Sachbücher), Internetzugang
- verschiedene Tonbeispiele passend zum Thema

Bewertungsbogen

Name: ______________________ Klasse: __________

Thema: ______________________

Arbeitsweise					
Du hast selbstständig und konzentriert gearbeitet.	0	1	2		
Inhalt					
Du hast die vorgegebenen Elemente bearbeitet und eingeklebt.	0	1	2	3	4
Du hast inhaltlich richtig gearbeitet.	0	1	2	3	
Du hast eigene Ideen eingebracht.	0	1	2		
Gestaltung					
Du hast ordentlich ausgeschnitten und geklebt.	0	1	2		
Du hast ordentlich geschrieben und gemalt.	0	1	2		
Deine Minibücher sind übersichtlich angeordnet.	0	1	2		
Dein Deckblatt ist schön und passend gestaltet.	0	1			

Gesamtbewertung: ________/18 Punkte

Das ist dir besonders gut gelungen

____

____

____

____

Übersicht Vorlagen

Lapbook „Dinosaurier“

Drehscheibe	Querklappe	Sammeltasche	3-Seiten-Buch	Oktagon	Klappbuch Archaeopteryx
Wellen-Fächer	Klappbuch T-Rex	Dinofuß-Fächer	Stufenbuch	Streifenbuch	

Lapbook „Steinzeit“

Zeitstrahl-Leporello	Werkzeug-Klappe	Kochtopf-Fächer	Fallblume	Viererklappe mit Guckloch	Menschen-Fächer
Klappbuch Höhle	Klappbuch Feuer	Streichholzbrief mit fünf Klappen	Ausziehtasche	Ziehharmonika	

Lapbook „Römer“

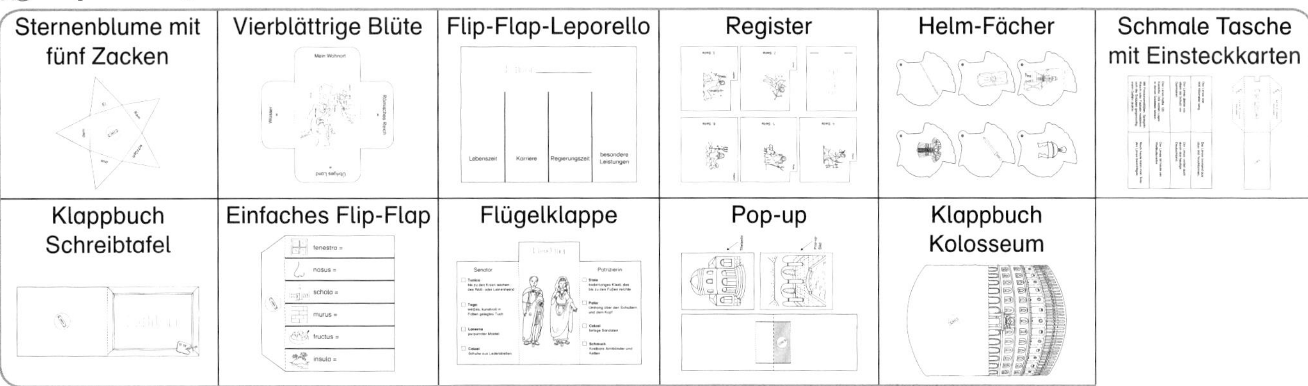

Sternenblume mit fünf Zacken	Vierblättrige Blüte	Flip-Flap-Leporello	Register	Helm-Fächer	Schmale Tasche mit Einsteckkarten
Klappbuch Schreibtafel	Einfaches Flip-Flap	Flügelklappe	Pop-up	Klappbuch Kolosseum	

Lapbook „Mittelalter“

Dreiecks-Flip-Flap	Streichholzbriefe	Kreuz	Klappbuch Burg	Schmetterlings-Flip-Flap	Klappbuch Wappen
Buch	Klappbuch Drache	Mini-Sprechblasen	Faltkreis	Klappbuch Kutsche	

Das Zeitalter der Dinosaurier

Die Dinosaurier lebten in der Zeit des Erdmittelalters vor 250 bis 60 Millionen Jahren. Man unterteilt diese Zeit in drei Abschnitte:
In der Triaszeit bestand die Erde aus einem einzigen Kontinent.
In der Jurazeit brach das Land in zwei große Teile auseinander.
Während der Kreidezeit bildeten sich mehrere Kontinente.

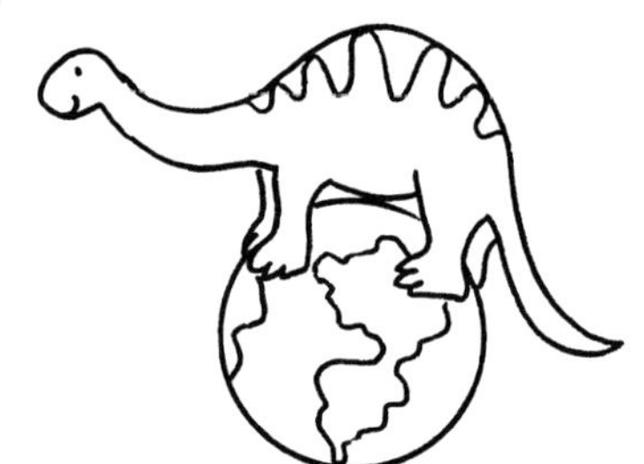

1. Bastle die Drehscheibe.

Du brauchst:

Vorlage „Drehscheibe“,
1 Musterklammer

So geht's:

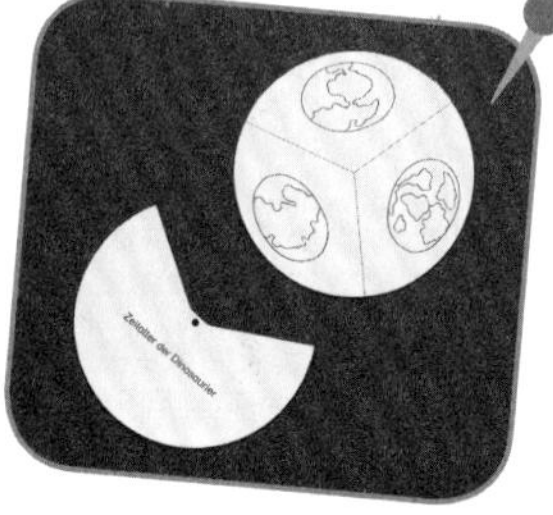

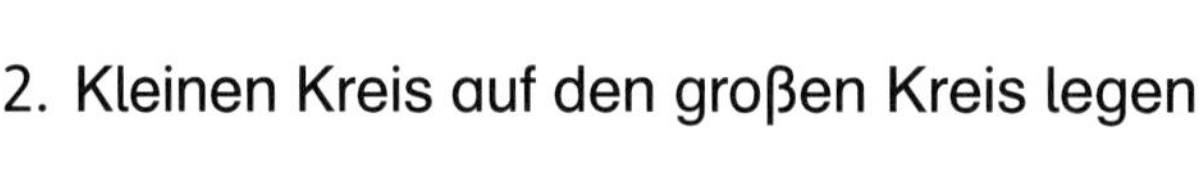

1. Kreise ausschneiden ——.
2. Kleinen Kreis auf den großen Kreis legen.
3. Mittelpunkt mit Bleistift durchstechen.
4. Kreise mit Musterklammer zusammenheften.
5. Großen Kreis mit der Rückseite auf das Lapbook kleben.

2. Wie heißen die Zeitalter? Schreibe die Namen zu den Bildern in die Drehscheibe.

3. Male die Kontinente grün und das Meer blau an.

Vorlage „Drehscheibe"

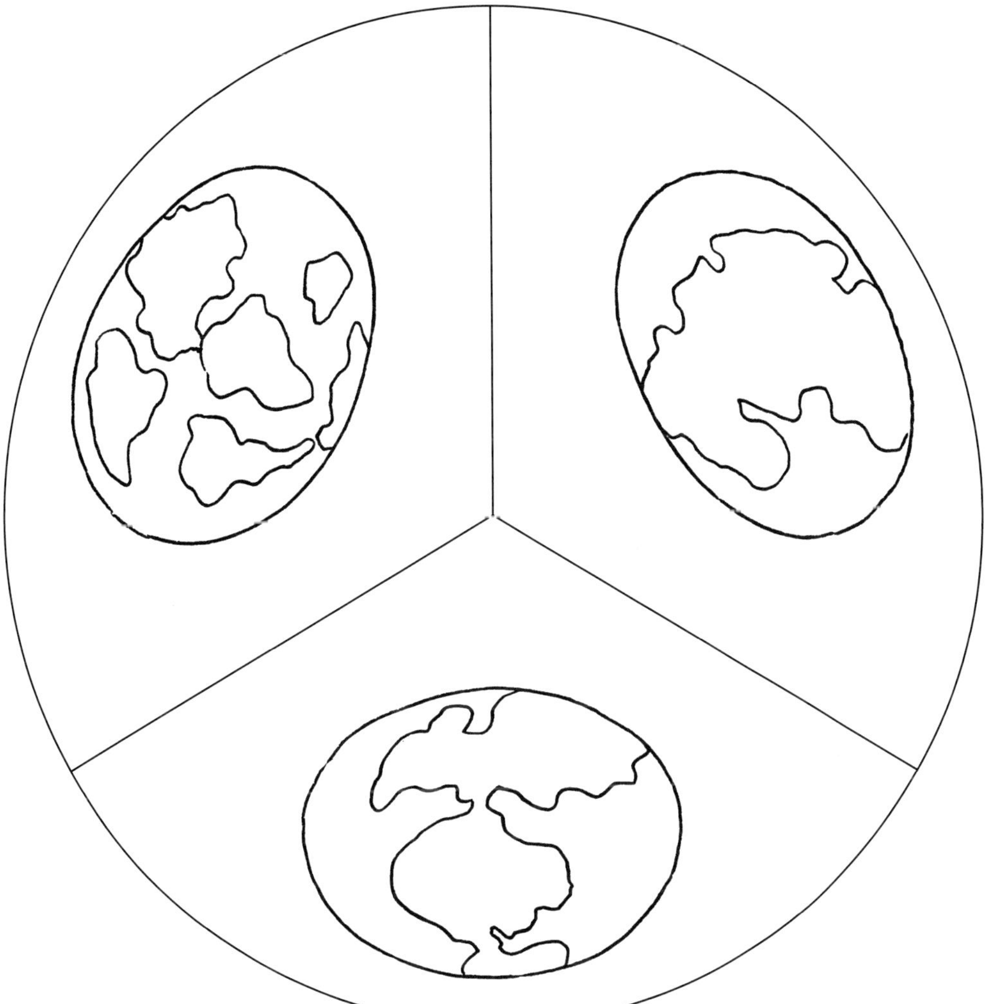

Zeitalter der Dinosaurier

Pflanzen zur Zeit der Saurier

Jeder Zeitabschnitt hatte seine eigenen Pflanzen und Gewächse. Vor 250 Millionen Jahren gab es auf der Erde Moose, Farne und Schachtelhalme. Vor 200 Millionen Jahren kamen zu diesen Gewächsen die ersten Nadelbäume hinzu. Vor 150 Millionen Jahren entwickelten sich die ersten Blütenpflanzen und Laubbäume.

1. Bastle die Querklappe.

Du brauchst:

Vorlage „Querklappe"

So geht's:

1. Vorlage ausschneiden ——.
2. Dicke Linien einschneiden ——.
3. Klappen nach hinten falten --------.
4. Klappe mit der Klebefläche auf das Lapbook kleben.

2. Welche Gewächse siehst du auf den Bildern? Schreibe die Namen auf die Rückseite der Klappen.

3. Vor wie vielen Millionen Jahren gab es diese Pflanzen? Schreibe es vorne auf die Klappen.

Vorlage „Querklappe"

Fossilien

Fossilien sind versteinerte Reste von Pflanzen oder Tieren, die viele tausend oder sogar Millionen Jahre alt sind. Das können kleine Schnecken oder riesige Dinosaurier sein. Forscher graben solche Fossilien aus, um zu erfahren, welche Lebewesen es vor unserer Zeit auf der Erde gab.

1. Bastle die Sammeltasche.

Du brauchst:

Vorlage „Sammeltasche“

So geht's:

1. Tasche ausschneiden ——.
2. Klebeflächen nach hinten falten --------.
3. Tasche mit den Klebeflächen auf das Lapbook kleben.

2. Weißt du, wie Fossilien entstehen?
Mache dich selbst auf die Suche nach einem Fossil.

3. Stecke es in die Sammeltasche.

Vorlage „Sammeltasche"

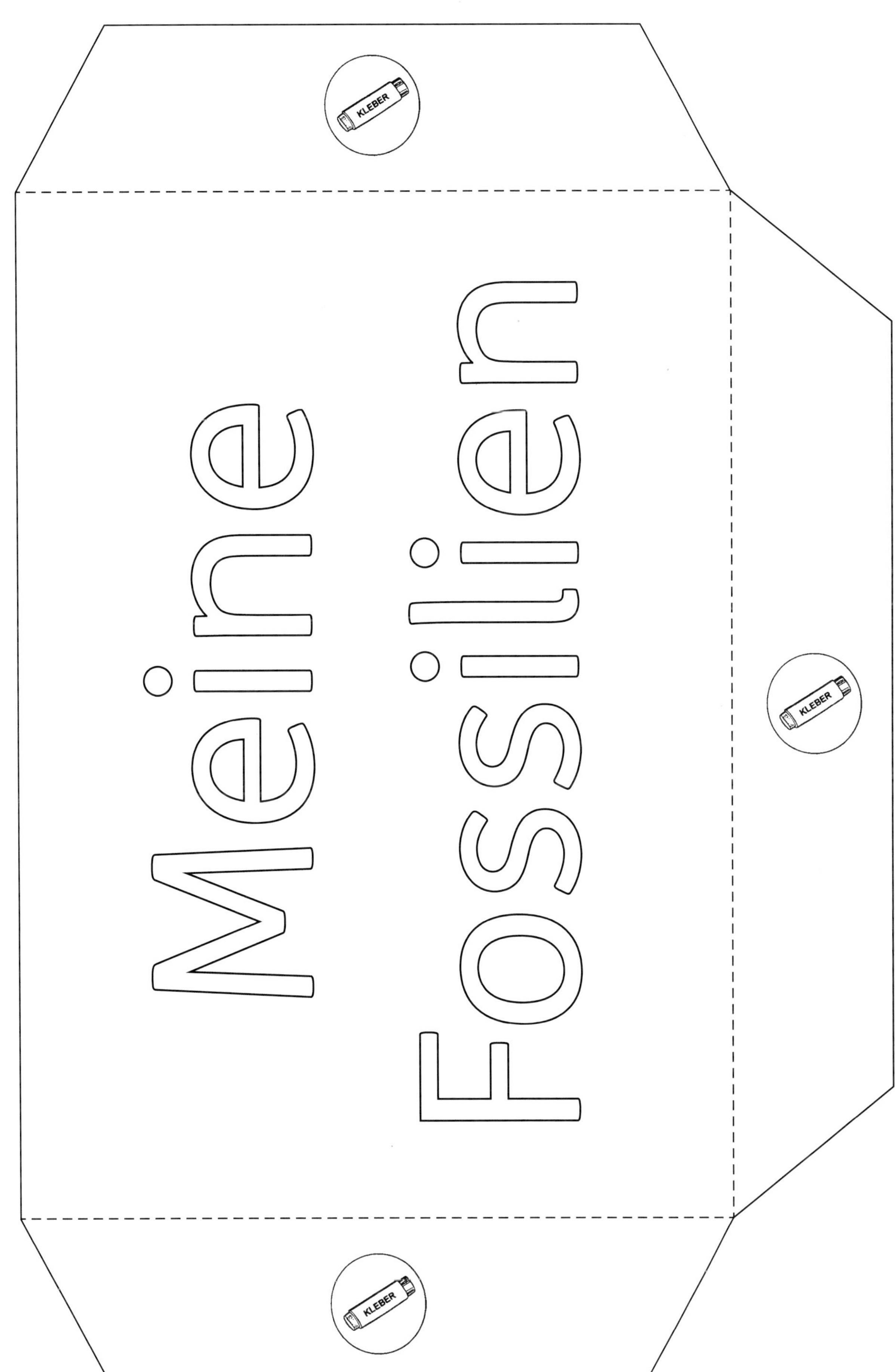

Pflanzenfresser und Fleischfresser

Dinosaurier lassen sich in 2 Gruppen einordnen:
Pflanzenfresser und Fleischfresser.
Vor allem an der Form der Zähne konnte man Pflanzenfresser und Fleischfresser unterscheiden.
Pflanzenfresser hatten eher stumpfe, flache Zähne, mit denen sie den ganzen Tag kauen konnten. Fleischfresser benötigen dagegen spitzige, scharfe Reißzähne, mit denen sie ihre Beute erlegen konnten.

1. Bastle das 3-Seiten-Buch.

Du brauchst:

Vorlage „3-Seiten-Buch"

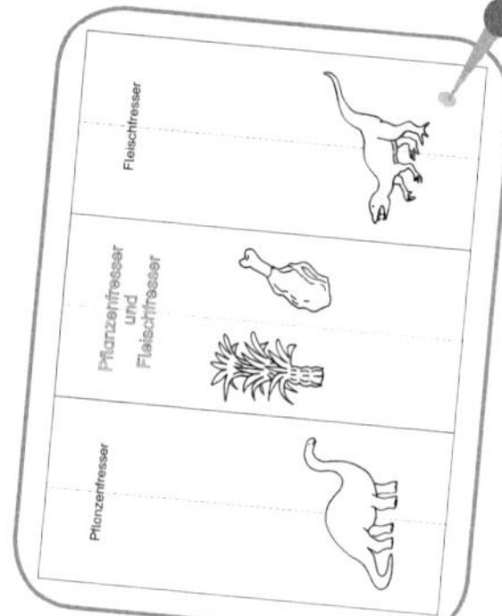

So geht's:

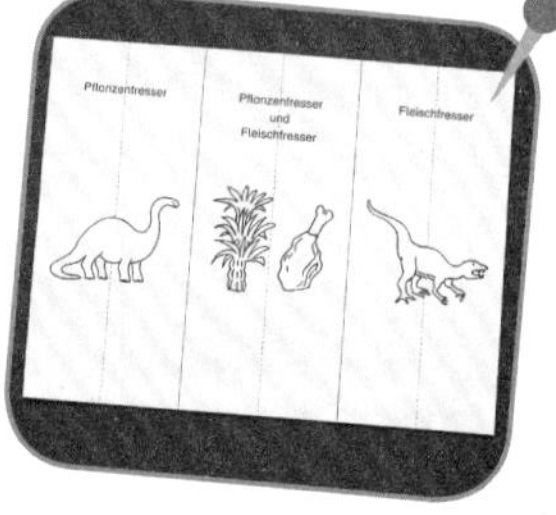

1. Alle drei Teile ausschneiden ———.
2. Teile nach innen falten --------.
3. Rechte Rückseite des ersten Teiles auf die linke Rückseite des Titelbildes kleben.
4. Linke Rückseite des zweiten Teiles auf die rechte Rückseite des Titelbildes kleben.
5. Buch falten, sodass die Titelseite oben ist.
6. Leere Rückseiten auf das Lapbook kleben.

2. Woran erkennst du einen Pflanzenfresser, woran einen Fleischfresser? Schreibe über die Bilder deines 3-Seiten-Buches.

Vorlage „3-Seiten-Buch"

Fleischfresser

Pflanzenfresser und Fleischfresser

Pflanzenfresser

Waffen der Saurier

Die Dinosaurier hatten verschiedenen Waffen, mit denen sie sich verteidigen oder auch angreifen konnten.

1. Bastle das Oktagon.

Du brauchst:

Vorlage „Oktagon"

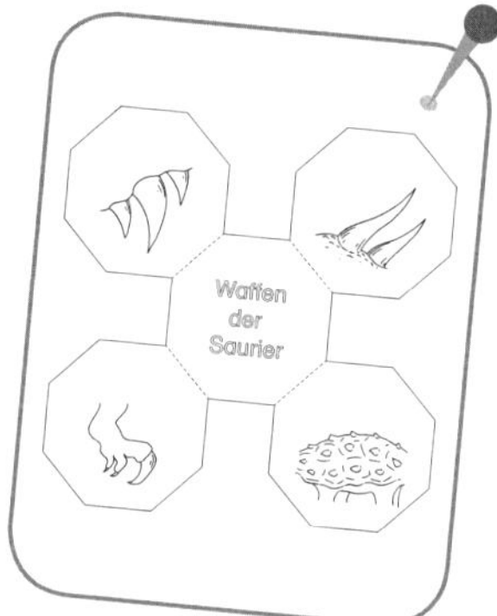

So geht's:

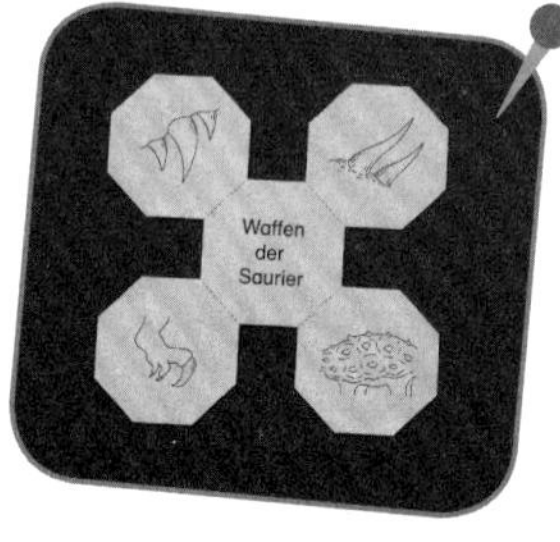

1. Vorlage ausschneiden ——.
2. Felder nach innen falten --------.

2. Welche Waffen der Dinosaurier siehst du auf den Bildern?
Schreibe es über die Bilder des Oktagons.

Vorlage „Oktagon"

Flugsaurier

Dinosaurier gab es nicht nur auf dem Land.
Sie eroberten auch die Lüfte.
Der Archaeopteryx war einer der berühmtesten Flugsaurier.

1. Bastle das Klappbuch Archaeopteryx.

Du brauchst:

Vorlage „Klappbuch Archaeopteryx"

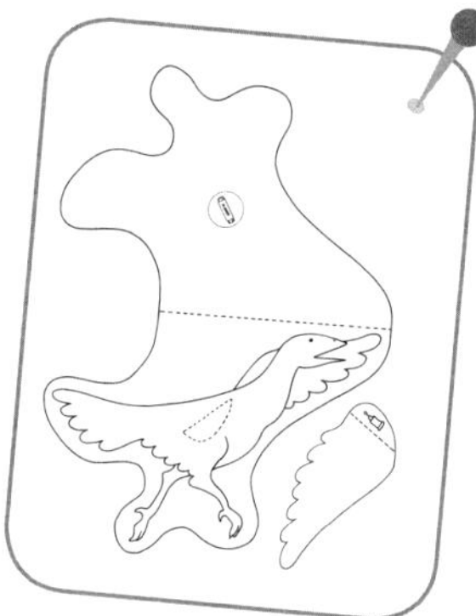

So geht's:

1. Flugsaurier ausschneiden ——.
2. Flügel ausschneiden ——.
3. Vorlage nach hinten falten --------.
4. Flügel mit der Klebefläche an den Flugsaurier kleben.
5. Flugsaurier mit der Klebefläche auf das Lapbook kleben.

**2. Was findest du über diesen Saurier heraus?
Fülle das Klappbuch mit deinen Informationen.**

Vorlage „Klappbuch Archaeopteryx"

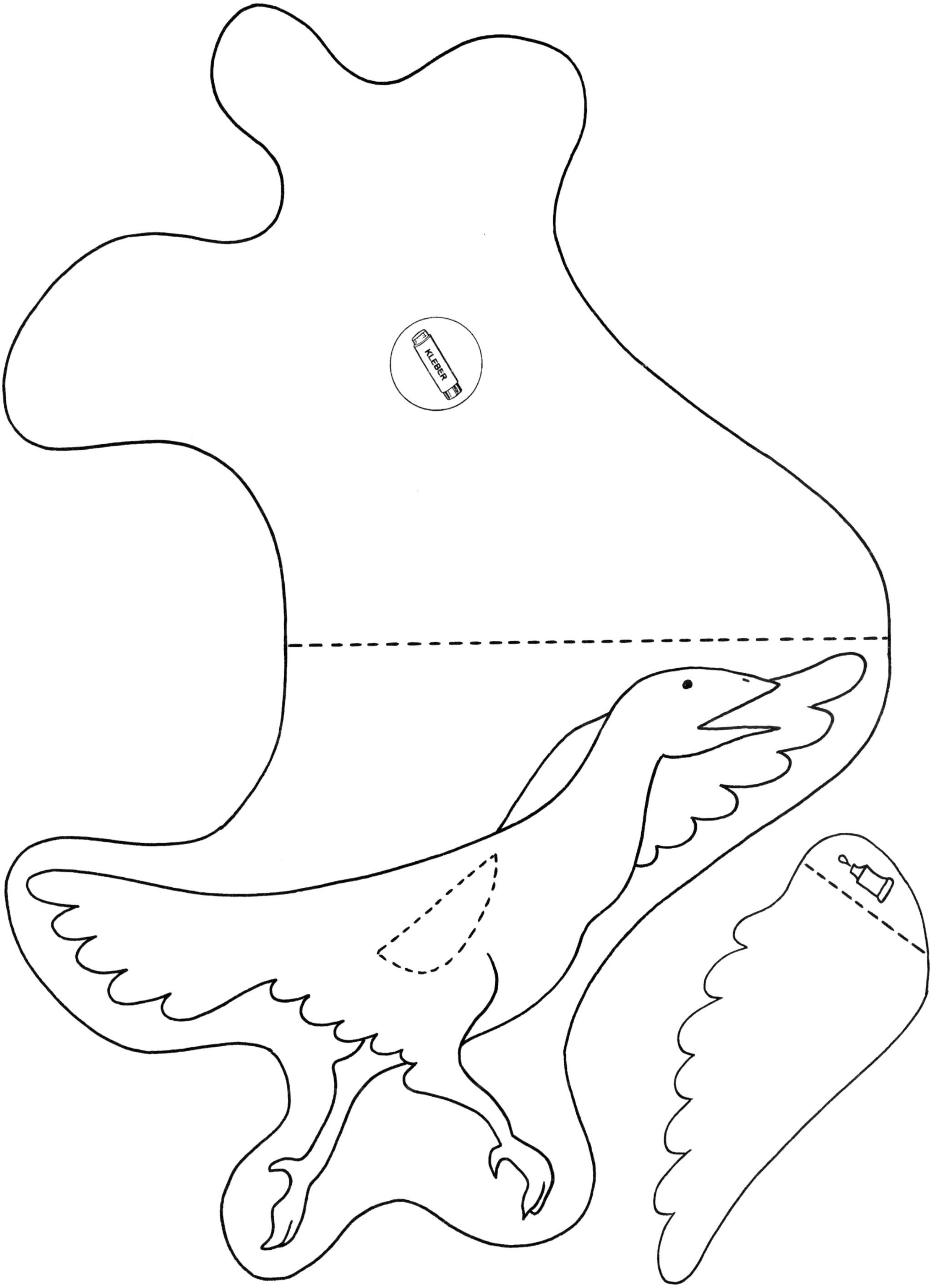

KLEBER

Meeressaurier

Dinosaurier gab es nicht nur auf dem Land.
Sie eroberten auch die Meere.
Mit ihrem Aussehen erinnern sie teilweise an heutige Meeresbewohner.

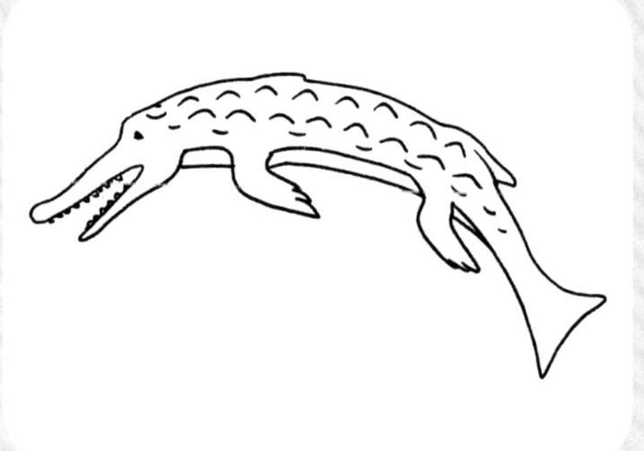

1. Bastle den Wellen-Fächer.

Du brauchst:

Vorlage „Wellen-Fächer“,
1 Musterklammer

So geht's:

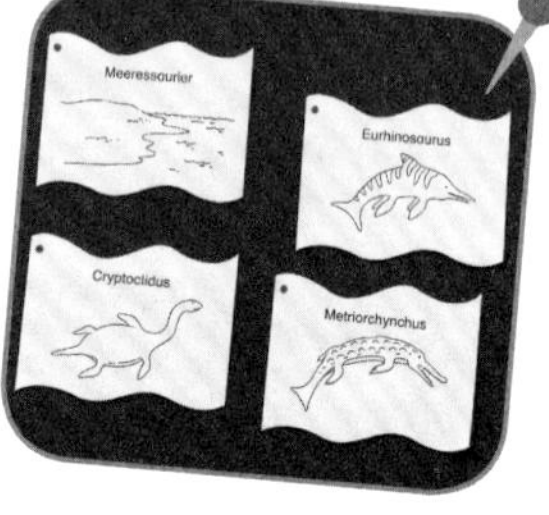

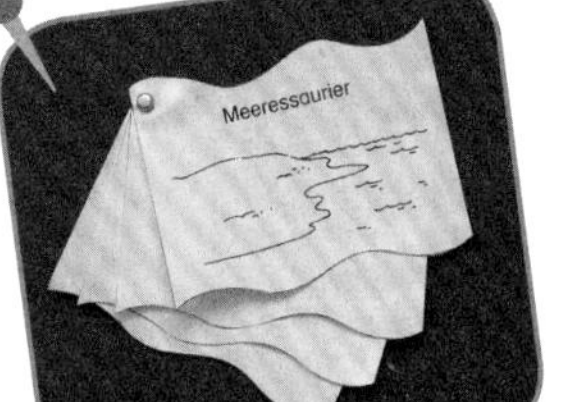

1. Wellen ausschneiden ——.
2. Wellen aufeinanderlegen.
3. Loch mit Bleistift durch alle Vorlagen stechen.
4. Wellen mit Musterklammer zusammenheften.
5. Hinterste Welle auf das Lapbook kleben.

2. Ordne den Dinosauriern zu:

fischähnlich

schildkrötenähnlich

krokodilähnlich

Vorlage „Wellen-Fächer"

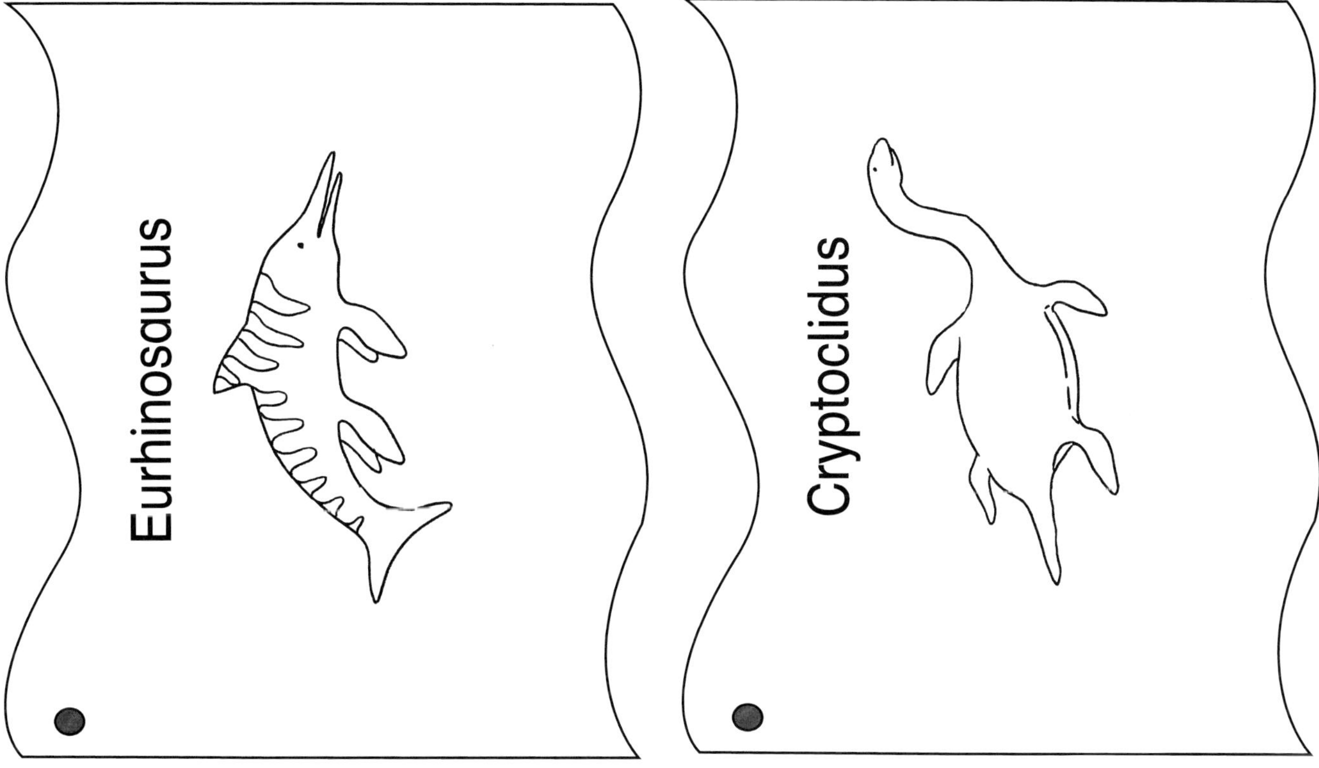

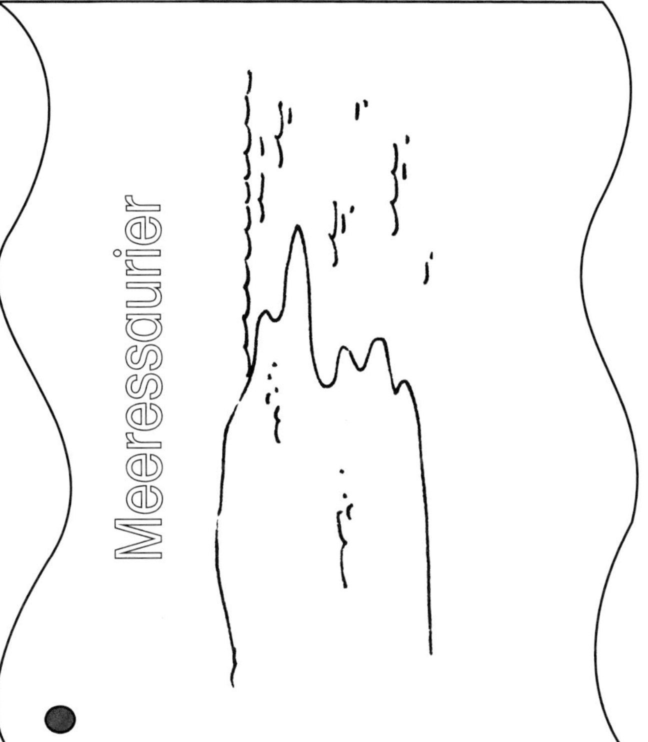

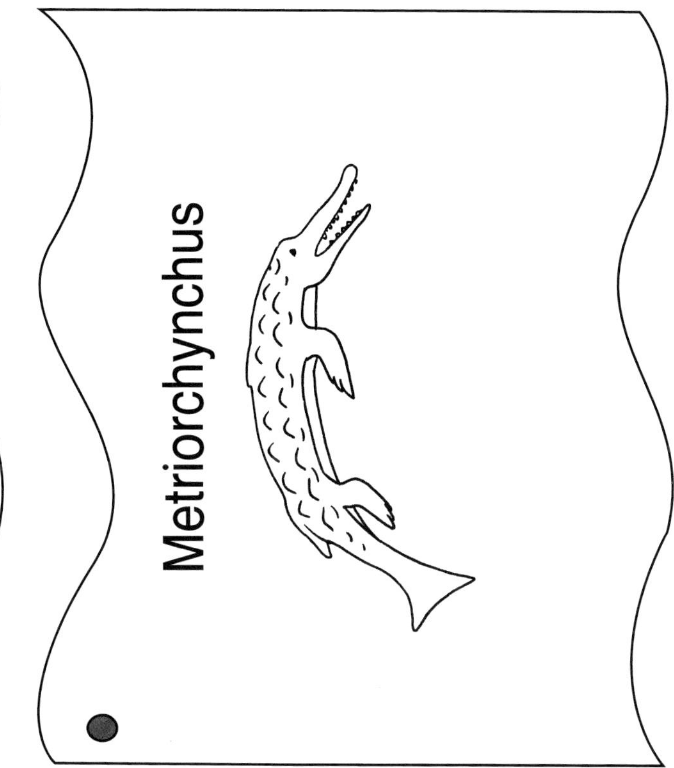

Tyrannosaurus Rex

Der Tyrannosaurus Rex ist der wohl bekannteste aller Dinosaurier.
Weil er ein Fleischfresser war, war sein Körper perfekt für die Jagd ausgestattet.

1. **Bastle das Klappbuch T-Rex.**

Du brauchst:

Vorlage „Klappbuch T-Rex"

So geht's:

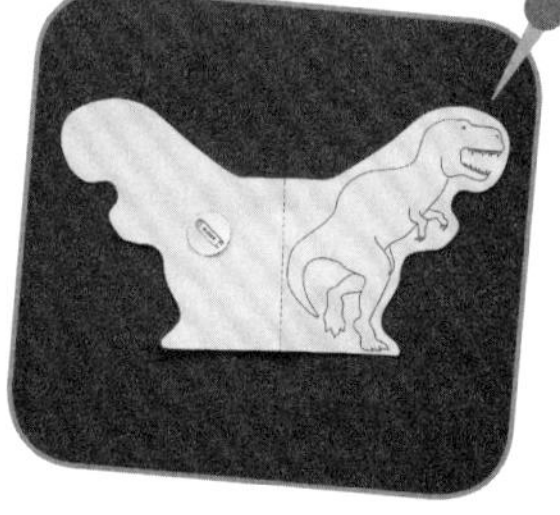

1. T-Rex ausschneiden ——.
2. Vorlage nach hinten falten --------.
3. T-Rex mit der Klebefläche auf das Lapbook kleben.

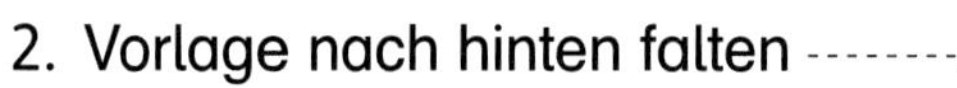

2. **Notiere im Klappbuch die Besonderheiten des Tyrannosaurus Rex.**

Vorlage „Klappbuch T-Rex"

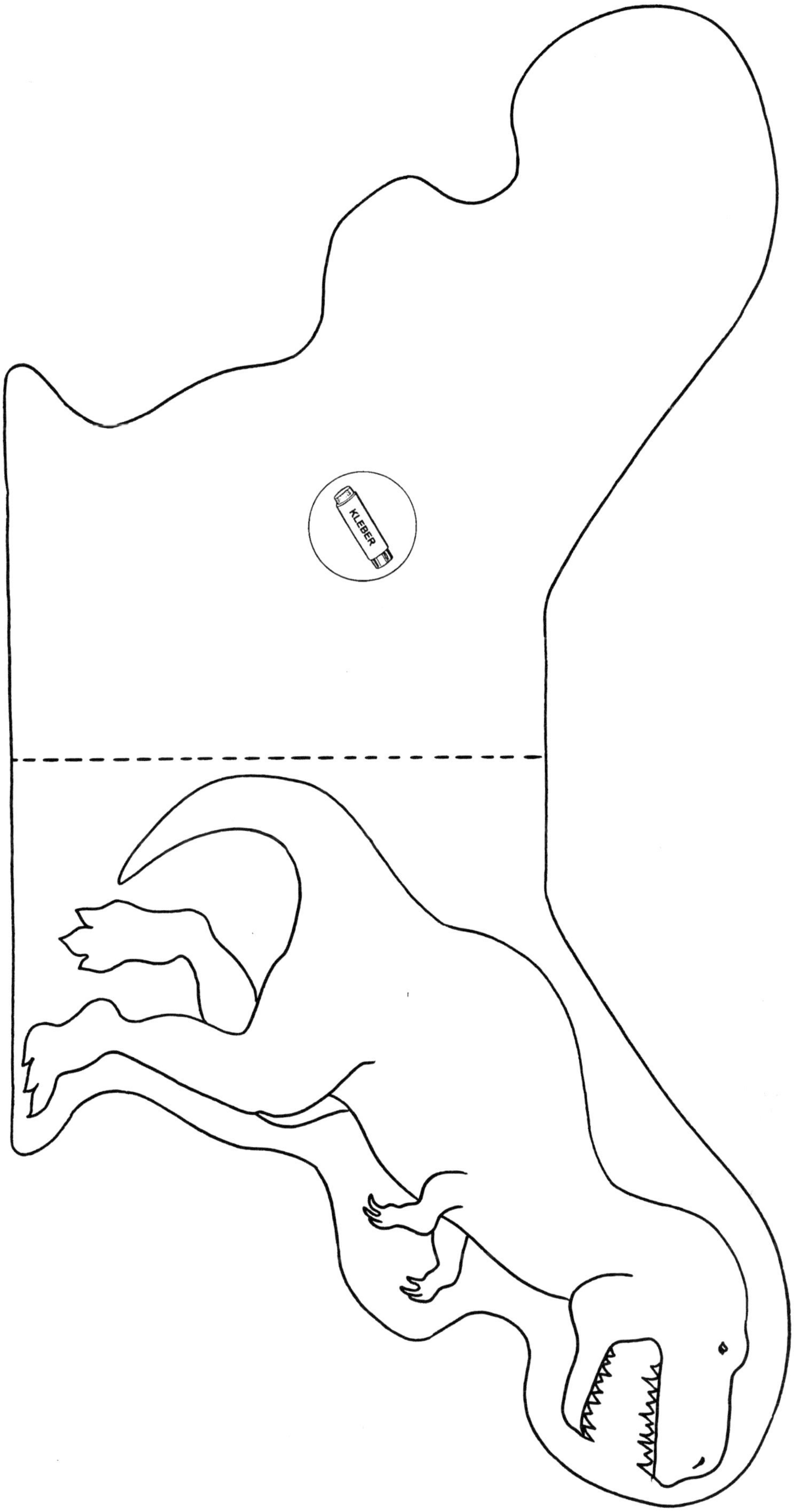

KLEBER

Dinosaurier–Rekorde

Dinosaurier gab es in allen erdenklichen Größen und Formen.
Jeder Saurier war durch sein Aussehen perfekt an seine Lebensbedingungen angepasst.

1. Bastle den Dinofuß-Fächer.

Du brauchst:

Vorlage „Dinofuß-Fächer“,
1 Musterklammer

So geht's:

1. Dinofüße ausschneiden ——.
2. Dinofüße aufeinanderlegen.
3. Loch mit Bleistift durch alle Vorlagen stechen.
4. Dinofüße mit Musterklammer zusammenheften.
5. Hintersten Dinofuß auf das Lapbook kleben.

2. Schreibe in die Dinosaurierfüße, welchen Rekord der dargestellte Saurier hält.

größter Saurier — kleinster Saurier — schnellster Saurier — ältester Saurier — klügster Saurier

Vorlage „Dinofuß-Fächer"

Dino-
Rekorde

Argentinosaurus
⇨ 40 Meter lang
⇨ 100 Tonnen schwer

Dromiceiomimus
⇨ lange Beine
⇨ 70 km/h schnell

Compsoynathus
⇨ 60 Zentimeter lang
⇨ 3 Kilogramm schwer

Eoraptor
⇨ lebte vor über 230 Millionen Jahren
⇨ kleiner Fleischfresser

Troodon
⇨ kleiner Saurier mit großem Gehirn

Mein Lieblingssaurier

Dinosaurier waren beeindruckende Lebewesen.
Es gab sie von winzigklein bis riesengroß, vom friedliebenden Pflanzenfresser bis zum gnadenlosen Jäger.

1. Bastle das Stufenbuch.

Du brauchst:

Vorlage „Stufenbuch"

So geht's:

1. Vorlagen ausschneiden ——.
2. Seiten in der richtigen Reihenfolge (unten größte und oben kleinste Seite) übereinanderlegen.
3. Seiten an der angegebenen Stelle mit einem Heftgerät zusammenheften.
4. Stufenbuch mit der letzten Seite auf das Lapbook kleben.

2. Was ist dein Lieblingsdinosaurier? Befülle das Stufenbuch.

Vorlage „Stufenbuch"

_____ _____

Name

2

Das frisst er

3

Da lebt er

Die Dinos sterben aus

Bis heute wissen die Forscher nicht sicher, wie und warum die Dinosaurier ausgestorben sind.

1. **Lies die verschiedenen Vermutungen auf dem Streifenbuch durch.**
2. **Welche hältst du für am Wahrscheinlichsten? Nummeriere die einzelnen Theorien.**
3. **Bastle das Streifenbuch und baue die Seiten in der Reihe deiner Nummern zusammen.**

Du brauchst:

Vorlage „Streifenbuch"

So geht's:

1. Streifen ausschneiden ——.
2. Streifen an den Klebeflächen aufeinanderkleben.
3. Streifenbuch mit der Rückseite auf das Lapbook kleben.

Vorlage „Streifenbuch"

Die Dinos sterben aus

○ **Meteroriteneinschlag:**

Die Erde wurde von einem Meteoriten getroffen. Es gab eine gewaltige Explosion, die die Erde für die Dinosaurier unbewohnbar machte.

○ **Vulkanausbruch:**

Es gab mehrere große Vulkanausbrüche auf der Erde. Das ganze Land war voll von Lava, Asche und giftigen Stoffen. Das überlebten die Dinos nicht.

○ **Neue Pflanzenwelt:**

Es wuchsen neue Pflanzen, die für die Pflanzenfresser unter den Dinosaueriern ungeeignet waren. Sie starben. Deshalb starben kurz darauf auch die Fleischfresser.

○ **Verschiebung der Kontinente:**

Durch die Verschiebung der Erdkontinente änderte sich das Klima. Auch der Meeresspiegel stieg an.
Die Dinos starben, weil sie sich nicht an das neue Klima anpassen konnten.

Wann war die Steinzeit?

Der Beginn der Steinzeit begann vor über 600 000 Jahren und dauerte eine sehr lange Zeit. Man kann sie in drei Abschnitte unterteilen.

1. **Bastle das Zeitstrahl-Leporello.**

Du brauchst:

Vorlage „Zeitstrahl-Leporello"

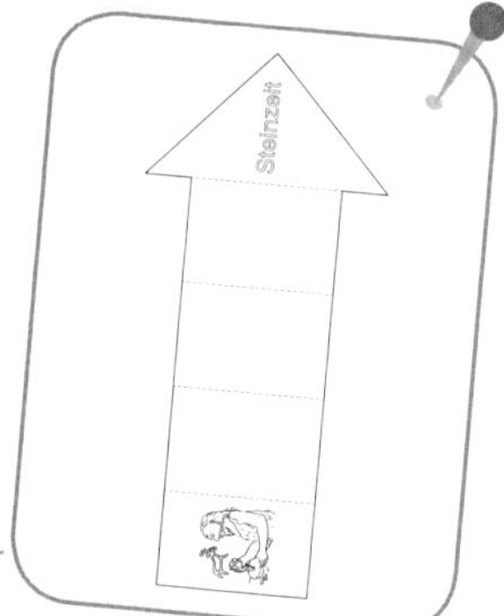

So geht's:

1. Pfeil ausschneiden ——.
2. Pfeil wie eine Ziehharmonika nach vorne und hinten falten --------.
3. Pfeil mit der Rückseite auf das Lapbook kleben.

2. **Beschrifte dein Zeitstrahl-Leporello:**

Altsteinzeit (vor 600 000 Jahren)

Mittelsteinzeit (vor 10 000 Jahren)

Jungsteinzeit (vor 8 000 Jahren)

Vorlage „Zeitstrahl–Leporello"

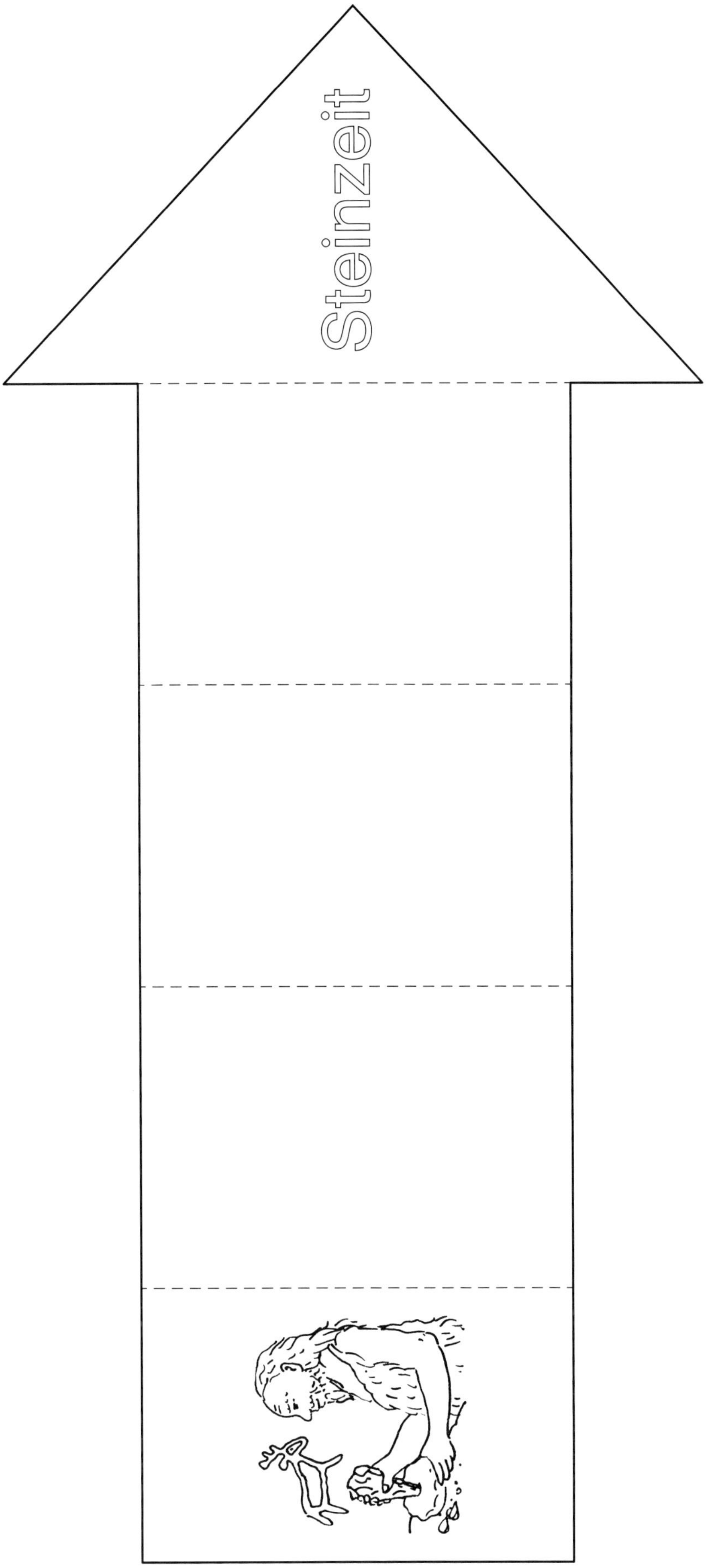

Steinzeit

Werkzeuge

Die Steinzeit heißt deshalb so, weil die Menschen dieses Zeitalters ihre Werkzeuge hauptsächlich aus Stein herstellten.

1. **Bastle die Werkzeug-Klappe.**

Du brauchst:

Vorlage „Werkzeug-Klappe"

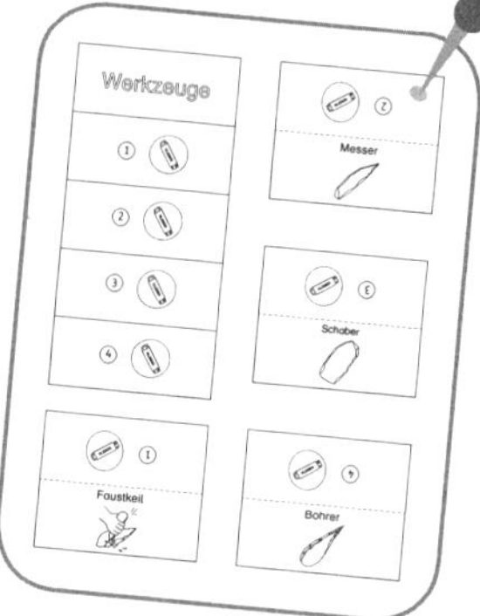

So geht's:

1. Vorlagen ausschneiden ——.
2. Klappen nach hinten falten --------.
3. Klappen auf die Klebeflächen kleben.
4. Werkzeug-Klappe auf das Lapbook kleben.

2. **Wofür verwendeten die Menschen die Werkzeuge? Schreibe es auf die Rückseite der Klappen.**

Vorlage „Werkzeug-Klappe"

Werkzeuge

2

3

4

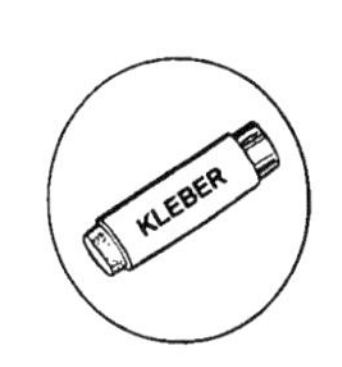

1

Faustkeil

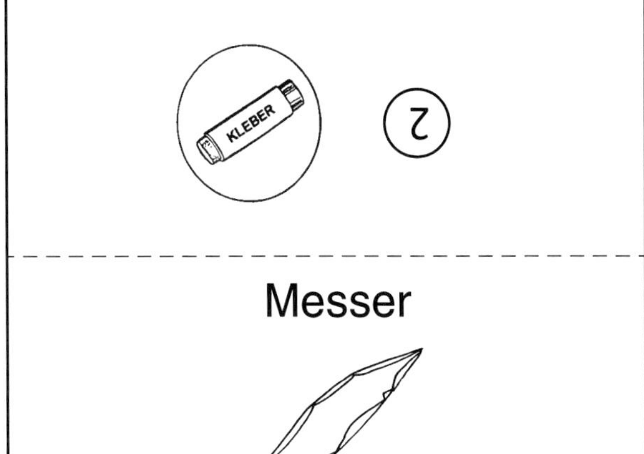

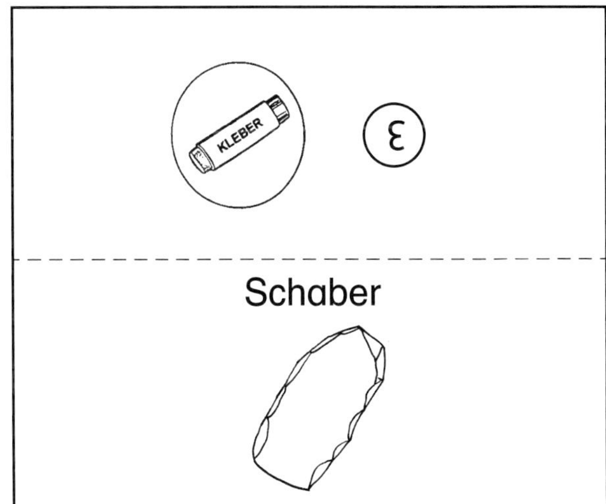

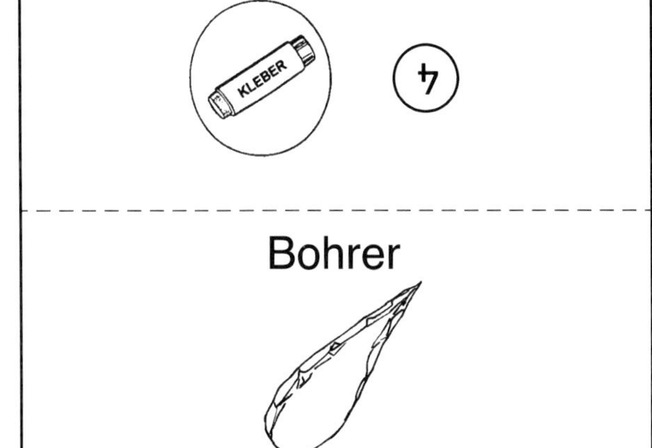

Nahrung

Die Steinzeitmenschen waren Jäger und Sammler.
Die Männer gingen auf die Jagd, um Tiere zu erlegen.
Die Frauen und Kinder sammelten fleischlose Nahrung.

1. **Bastle den Kochtopf-Fächer.**

Du brauchst:

Vorlage „Kochtopf-Fächer",
1 Musterklammer

So geht's:

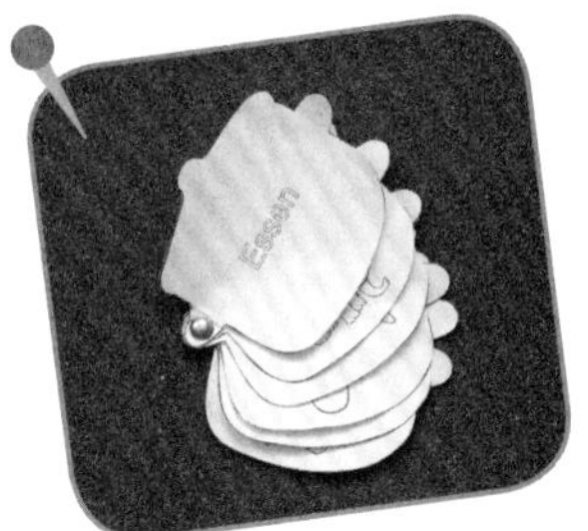

1. Kochtöpfe ausschneiden ——.
2. Kochtöpfe aufeinanderlegen.
3. Loch mit Bleistift durch alle Vorlagen stechen.
4. Kochtöpfe mit Musterklammer zusammenheften.
5. Hintersten Kochtopf auf das Lapbook kleben.

2. **Von welchen Dingen ernährten sich die Steinzeitmenschen? Schreibe es zu den Bildern.**

Vorlage „Kochtopf-Fächer"

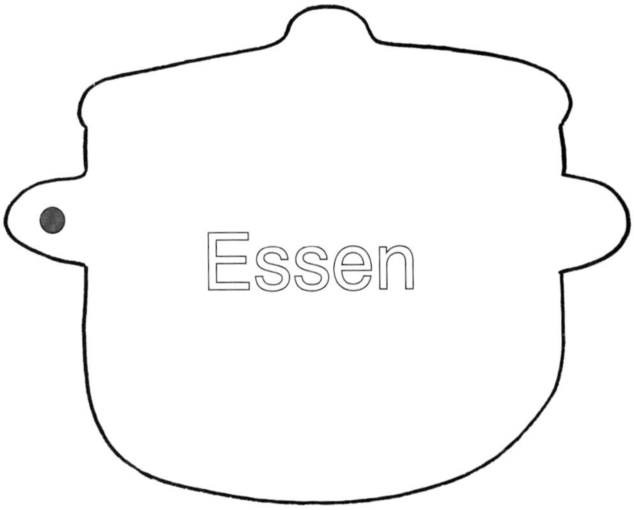

Essen

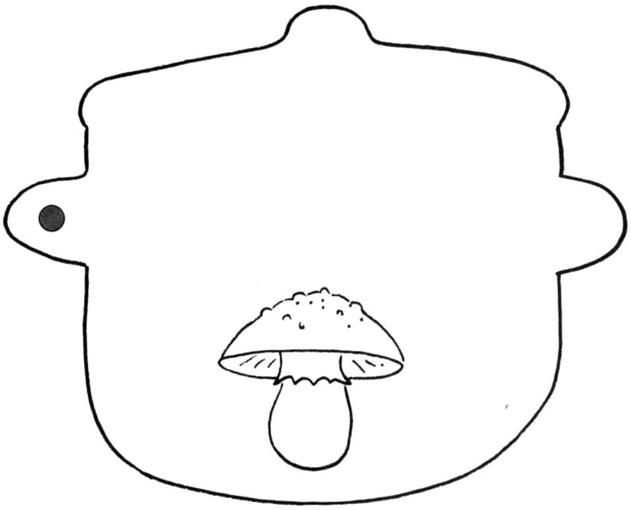

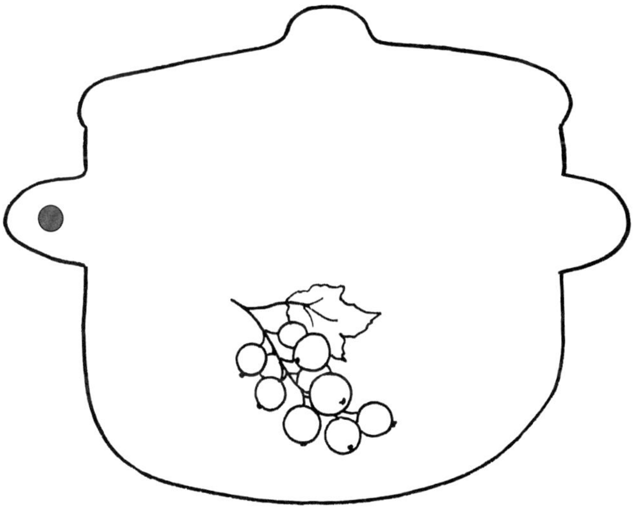

Jagd

Die Männer gingen auf die Jagd, um Tiere zu erlegen.
Viele Tiere waren sehr groß, schnell oder gefährlich.
Die Steinzeitmenschen verwendeten deshalb verschiedene Waffen und Taktiken, die ihnen die Jagd erleichterten.

1. Bastle die Faltblume.

 **Du brauchst:**

Vorlage „Faltblume"

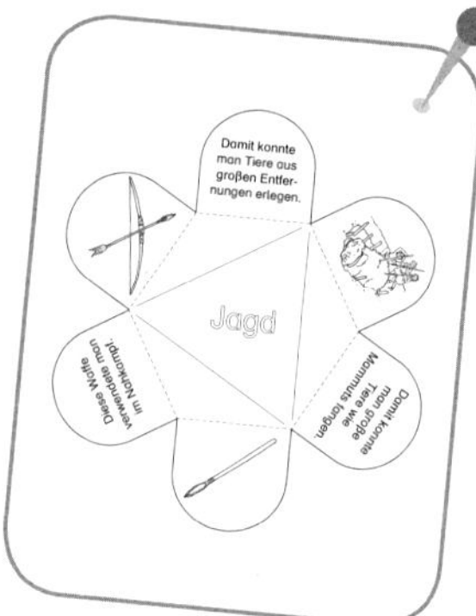

 **So geht's:**

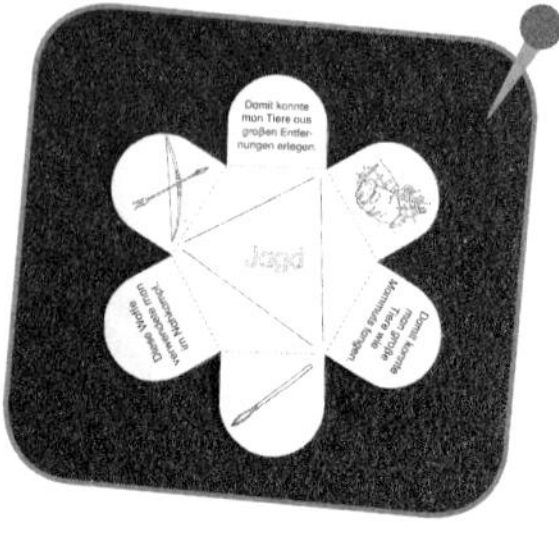

1. Vorlage ausschneiden ———.
2. Blütenblätter nach innen falten --------.
3. Blume verschließen (vorletztes Blatt unter das erste und letztes Blatt unter das zweite schieben).
4. Blume mit der Rückseite auf das Lapbook kleben.

2. Welche Waffen und Taktiken verwendeten die Männer bei der Jagd? Schreibe es unter die Blütenblätter.

Vorlage „Faltblume"

Damit konnte man Tiere aus großen Entfernungen erlegen.

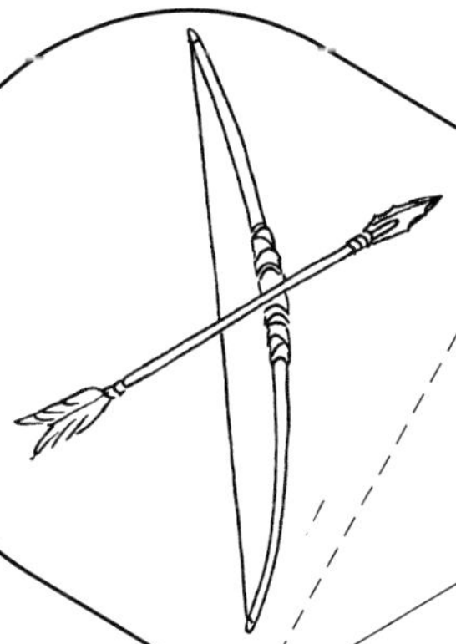

Damit konnte man große Tiere wie Mammuts fangen.

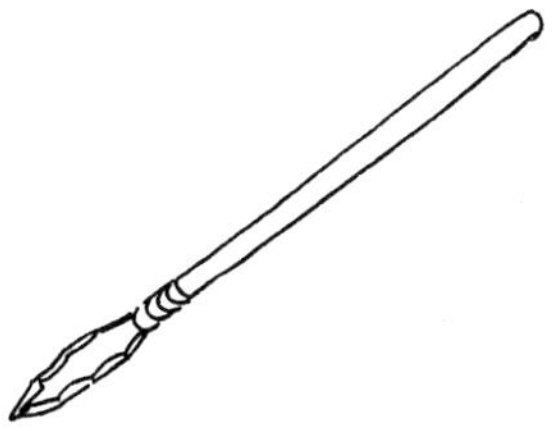

Diese Waffe verwendete man im Nahkampf.

Jagd

Tiere

In der Steinzeit gab es viele Tiere, die heute schon ausgestorben sind.

1. **Bastle die Viererklappe mit Guckloch.**

Du brauchst:

Vorlage „Viererklappe mit Guckloch"

So geht's:

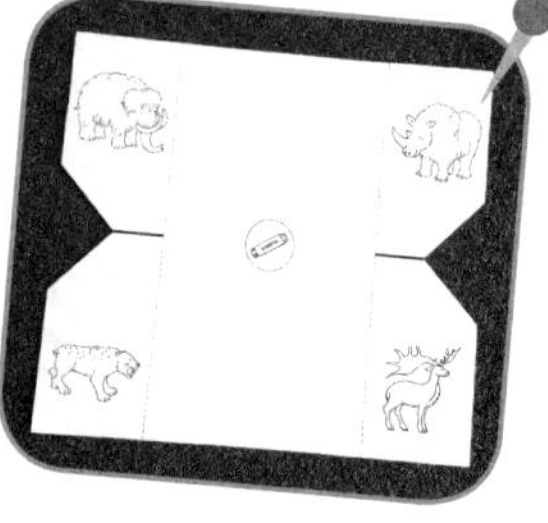

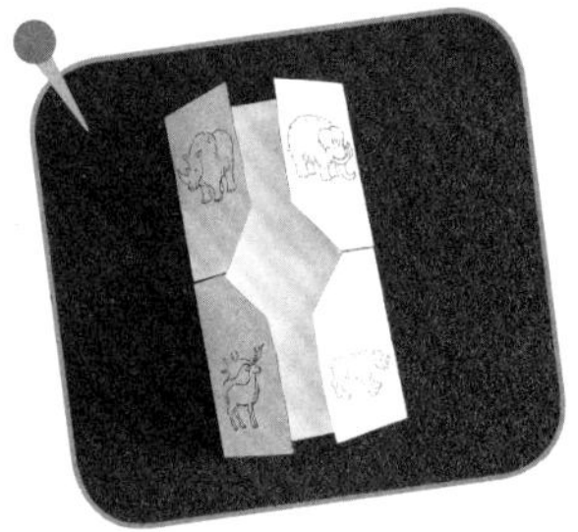

1. Vorlage ausschneiden ——.
2. Beide dicken Linien einschneiden ——.
3. Klappen nach außen falten --------.
4. Überschrift ins Guckloch schreiben.
5. Klappbuch mit der Klebefläche auf das Lapbook kleben.

2. **Weißt du, wie die Tiere heißen?**
Schreibe es auf die Innenseite der Klappen.

Vorlage „Viererklappe mit Guckloch"

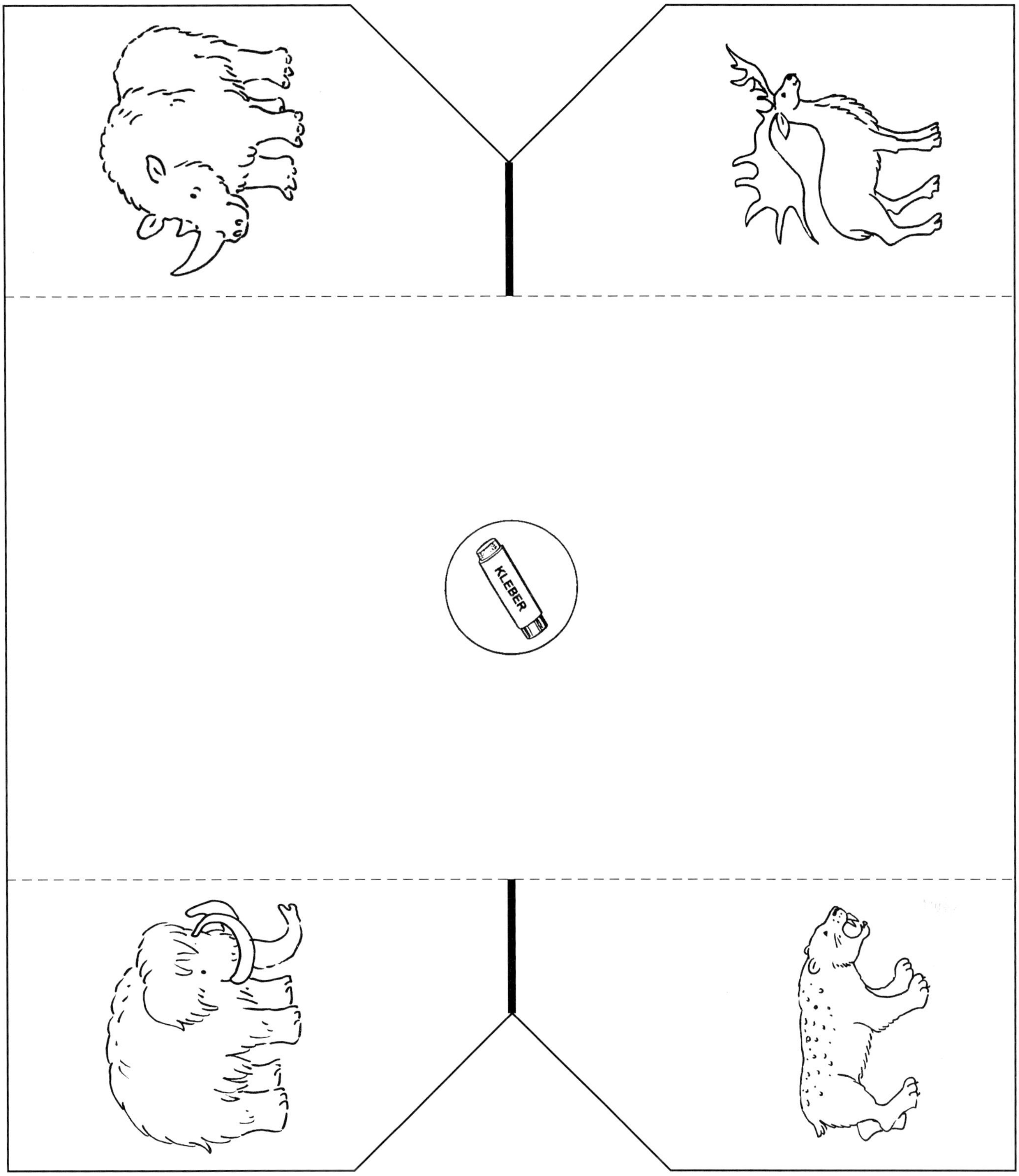

KLEBER

Entwicklung des Menschen

Die Menschen der frühen Steinzeit sahen ganz anders aus als heute. Sie waren kleiner, aber viel stärker. Ihr Körper war behaarter. Ihr Kopf war länglich und ih ihrem Gesicht befanden sich dichte Augenbrauen.

1. Sieh die die Bilder des Menschen-Fächers an. Nummeriere sie in der richtigen Reihenfolge von früher bis heute.

2. Bastle den Menschen-Fächer und setze ihn in der richtigen Reihenfolge zusammen.

Du brauchst:

Vorlage „Menschen-Fächer“,
1 Musterklammer

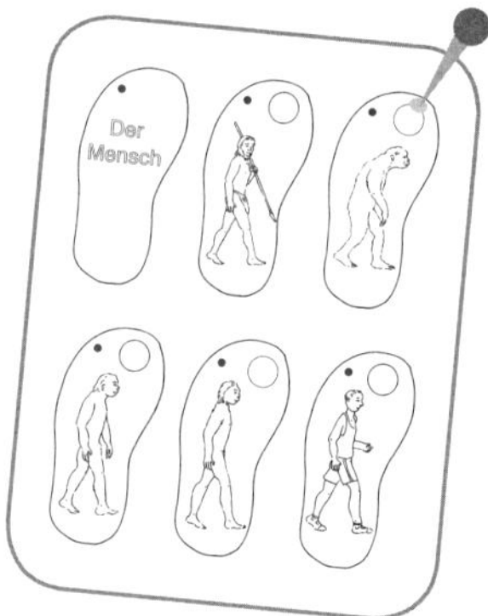

So geht's:

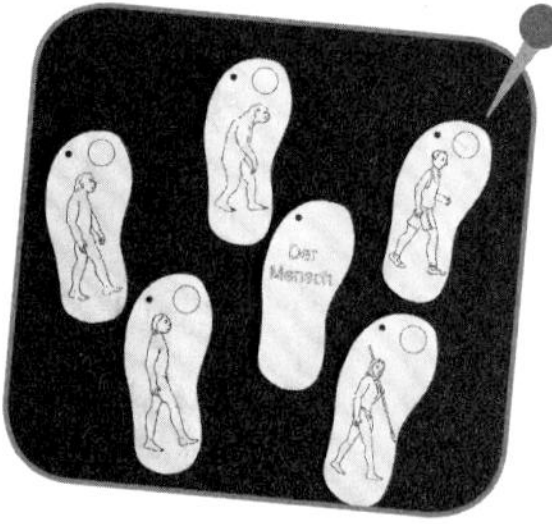

1. Umrisse ausschneiden .
2. Umrisse aufeinanderlegen.
3. Loch mit Bleistift durch alle Vorlagen stechen.
4. Umrisse mit Musterklammer zusammenheften.
5. Hintersten Umriss auf das Lapbook kleben.

Vorlage „Menschen-Fächer"

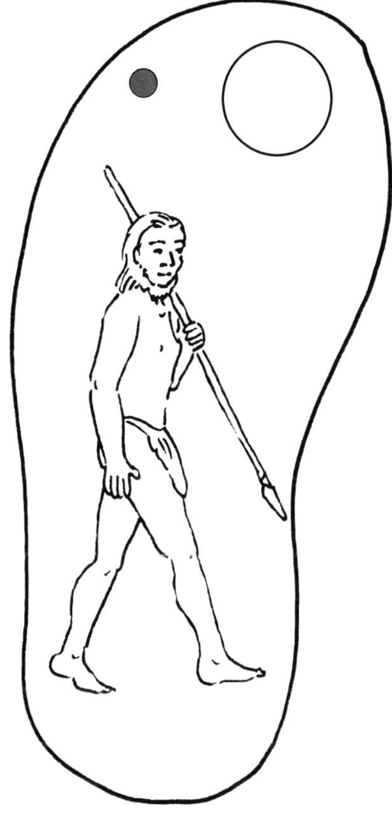

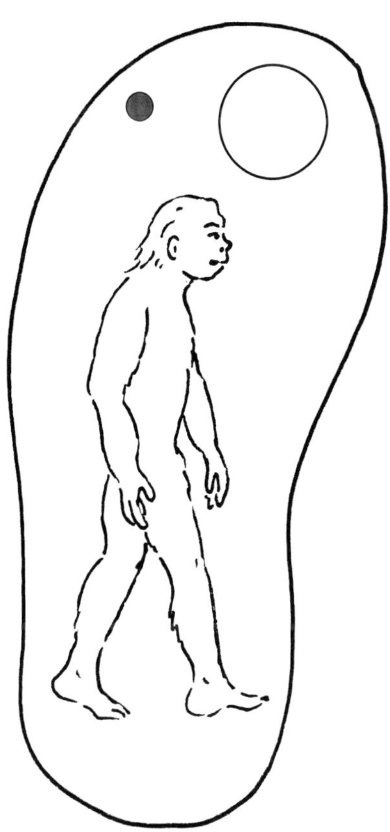

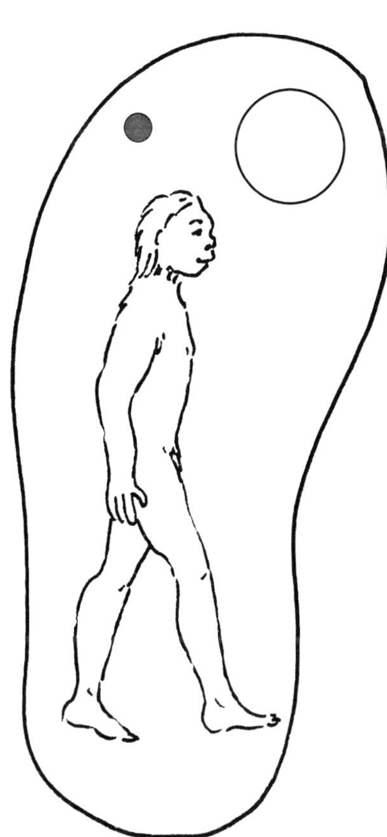

Höhlenmalerei

Auch in der Steinzeit gab es schon Kunstwerke. Die Steinzeitmenschen bemalten Höhlen mit Dingen aus ihrem Alltag, zum Beispiel von der Jagd.

1. Bastle das Klappbuch Höhle.

 **Du brauchst:**

Vorlage „Klappbuch Höhle"

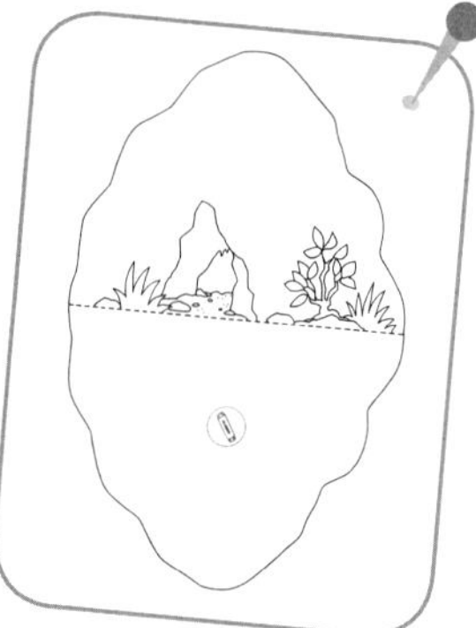

 **So geht's:**

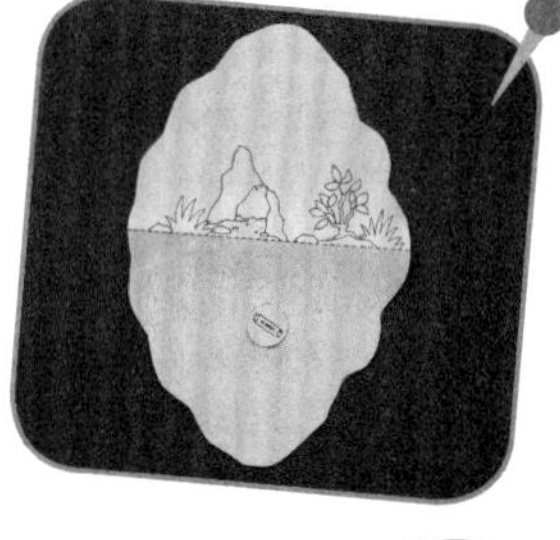

1. Höhle ausschneiden ——.
2. Vorlage nach hinten falten --------.
3. Höhle mit der Klebefläche auf das Lapbook kleben.

2. Bemale die Innenseite des Klappbuchs mit einer Höhlenmalerei.

Vorlage „Klappbuch Höhle"

KLEBER

Entdeckung des Feuers

Die Steinzeitmenschen lernten erst im Laufe der Zeit, wie man Feuer macht.
Das Feuer war die wichtigste Entdeckung der Steinzeit.

1. Bastle das Klappbuch Feuer.

Du brauchst:

Vorlage „Klappbuch Feuer“

So geht’s:

1. Feuer ausschneiden ——.
2. Vorlage nach hinten falten --------.
3. Feuer mit der Klebefläche auf das Lapbook kleben.

2. Warum war das Feuer für die Menschen so wichtig?
Schreibe in das Klappbuch.

Vorlage „Klappbuch Feuer"

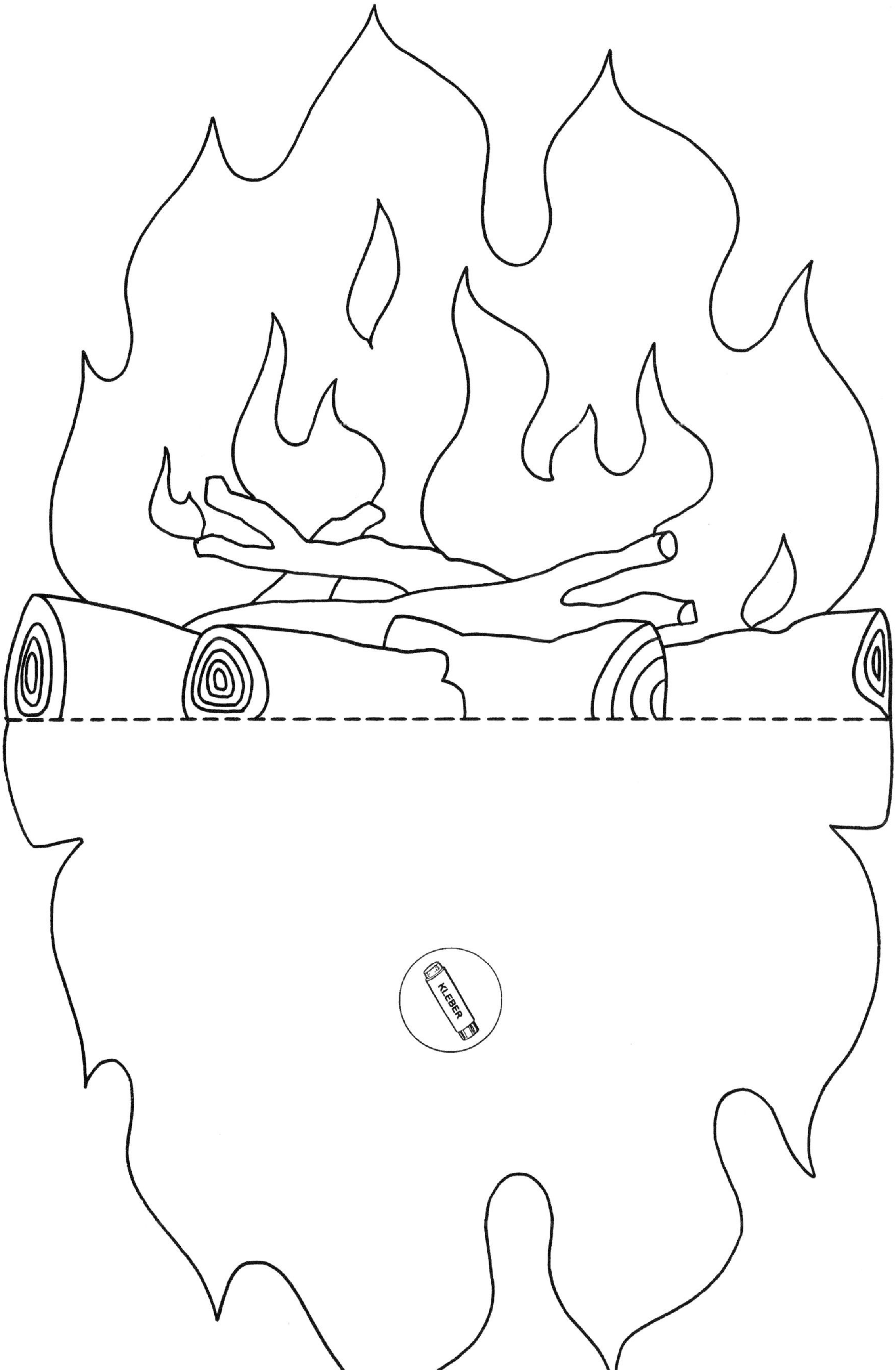

KLEBER

Das Mammut

Das Mammut war ein wichtiges Jagdtier in der Steinzeit.
Seine Teile konnten die Steinzeitmenschen für die unterschiedlichsten Dinge verwenden.

1. Bastle den Streichholzbrief mit fünf Klappen.
Nummeriere sie in der richtigen Reihenfolge von früher bis heute.

Du brauchst:

Vorlage „Streichholzbrief mit fünf Klappen"

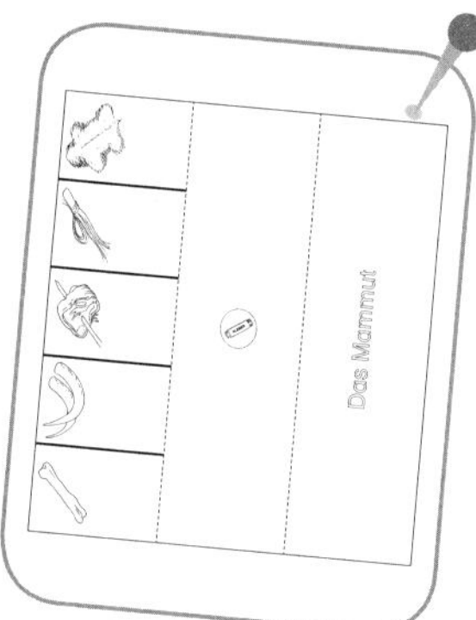

So geht's:

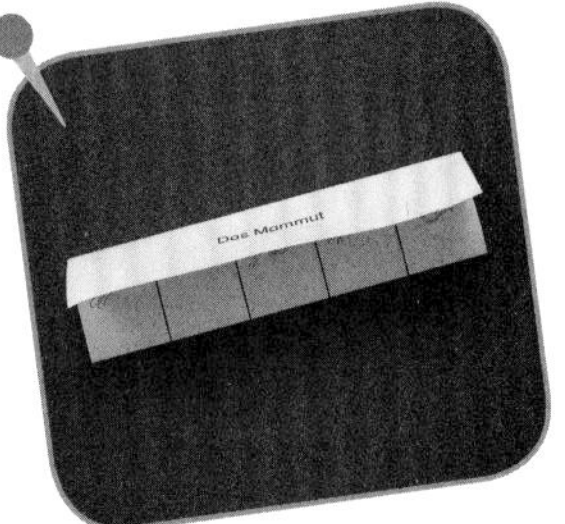

1. Vorlage ausschneiden ——.
2. Dicke schwarze Linien einschneiden ——.
3. Kleine Klappen nach hinten falten --------.
4. Schmale Klappe über die kleinen Klappen falten --------.
5. Streichholzbrief mit der Klebefläche auf das Lapbook kleben.

2. Welche Teile des Mammuts siehst du? Schreibe unter die Bilder.

3. Was konnte man aus den Teilen des Mammuts herstellen?
Schreibe es auf die Rückseite der Klappen.

Vorlage „Streichholzbrief mit fünf Klappen"

KLEBER

Das Mammut

Kleidung

Die Kleidung der Steinzeitmenschen sah anders aus als unsere heutige Kleidung. Sie wurde aus den Materialien gemacht, die in der Natur zu finden waren oder durch die Jagd erbeutet wurden.

1. Bastle die Ausziehtasche.

Du brauchst:

Vorlage „Ausziehtasche"

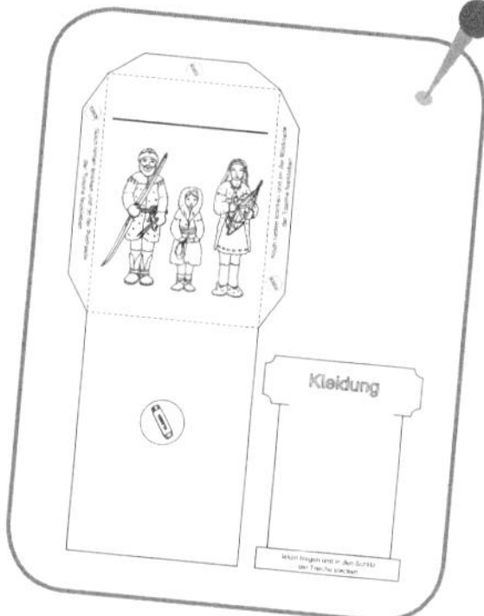

So geht's:

1. Tasche ausschneiden ——.
2. Dicke Linie mit Lineal und Schere einschlitzen ——.
3. Klebeflächen nach hinten falten --------.
4. Auszug ausschneiden ——.
5. Auszug in den Schlitz der Tasche stecken.
6. Tasche mit der Rückseite auf das Lapbook kleben.

**2. Welche Kleidung trugen die Steinzeitmenschen?
Aus welchen Materialien war die Kleidung?
Schreibe es in die Ausziehtasche.**

Vorlage „Ausziehtasche"

KLEBER

KLEBER

Nach hinten knicken und an der Rückseite der Tasche festkleben

Nach hinten knicken und an der Rückseite der Tasche festkleben

KLEBER

KLEBER

Kleidung

leicht biegen und in den Schlitz der Tasche stecken

Kinder

In der Steinzeit gab es noch keine Schule, auch keinen Fernseher und kein Internet.
Den Kindern war trotzdem nicht langweilig.
Sie hatten sehr viel Arbeit. Außerdem gab es auch schon in der Steinzeit Spiele, die die Kinder gemeinsam spielten.

1. Bastle die Ziehharmonika.

Du brauchst:

Vorlage „Ziehharmonika"

Kinder

So geht's:

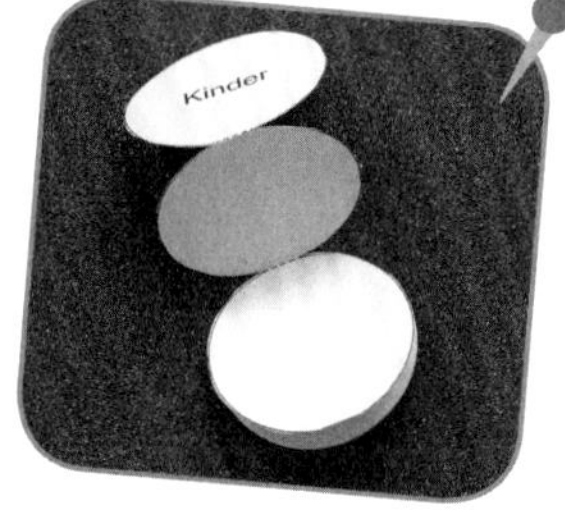

1. Vorlage ausschneiden ——.
2. Vorlage wie eine Ziehharmonika falten --------.
3. Vorlage mit dem untersten Feld auf das Lapbook kleben.

2. Sieh dir das Bild an. Was taten die Kinder? Schreibe es in die Ziehharmonika.

Vorlage „Ziehharmonika"

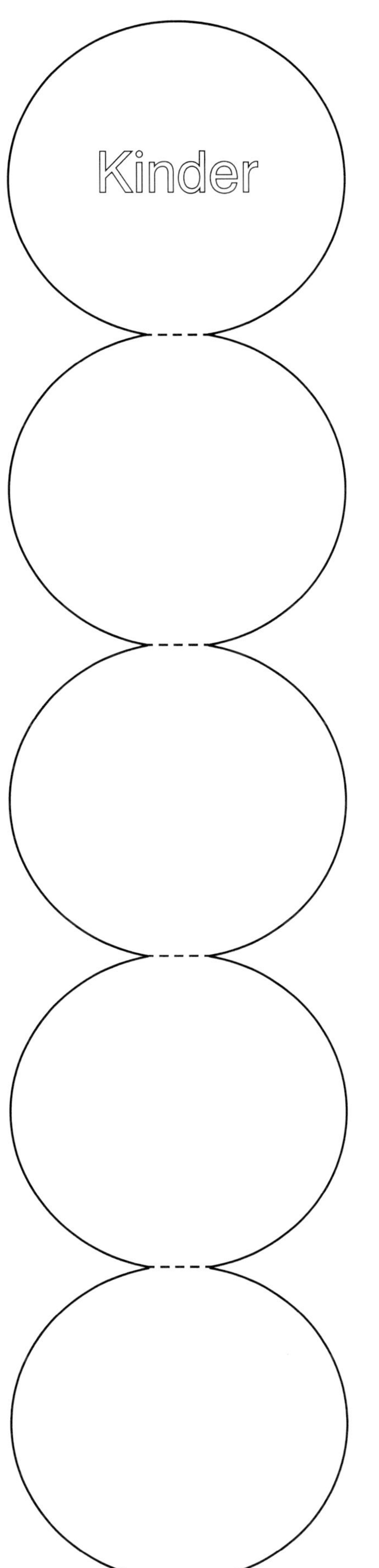

Gründung Roms

Nach einer Sage wurde Rom im Jahr 753 v. Chr. von Romulus und Remus gegründet. Sie waren der Sage nach die beiden Kinder eines Gottes, die ausgesetzt und von einer Wölfin aufgezogen wurden.

1. Bastle die Sternenblume mit fünf Zacken.

Du brauchst:

Vorlage „Sternenblume mit fünf Zacken“

So geht's:

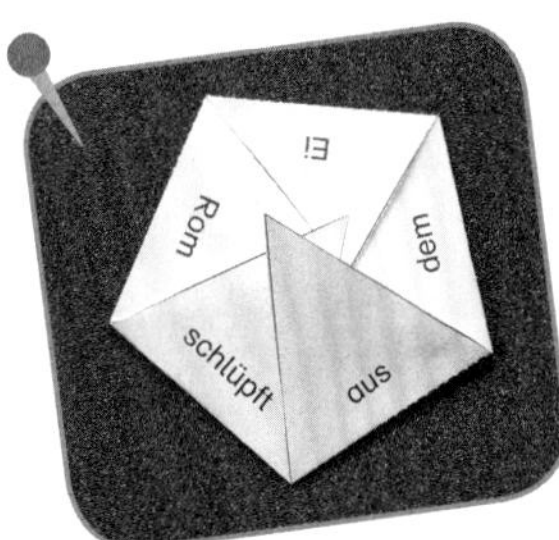

1. Stern ausschneiden ———.
2. Vorlage umdrehen.
3. Zacken zur Mitte hin falten --------.
4. Stern mit der Klebefläche auf das Lapbook kleben.

2. Mit diesem bekannten Spruch kannst du dir merken, wann Rom gegründet wurde.

753 – Rom schlüpft aus dem Ei.

Schreibe die Jahreszahl in die Mitte der Blume.

Vorlage „Sternenblume mit fünf Zacken"

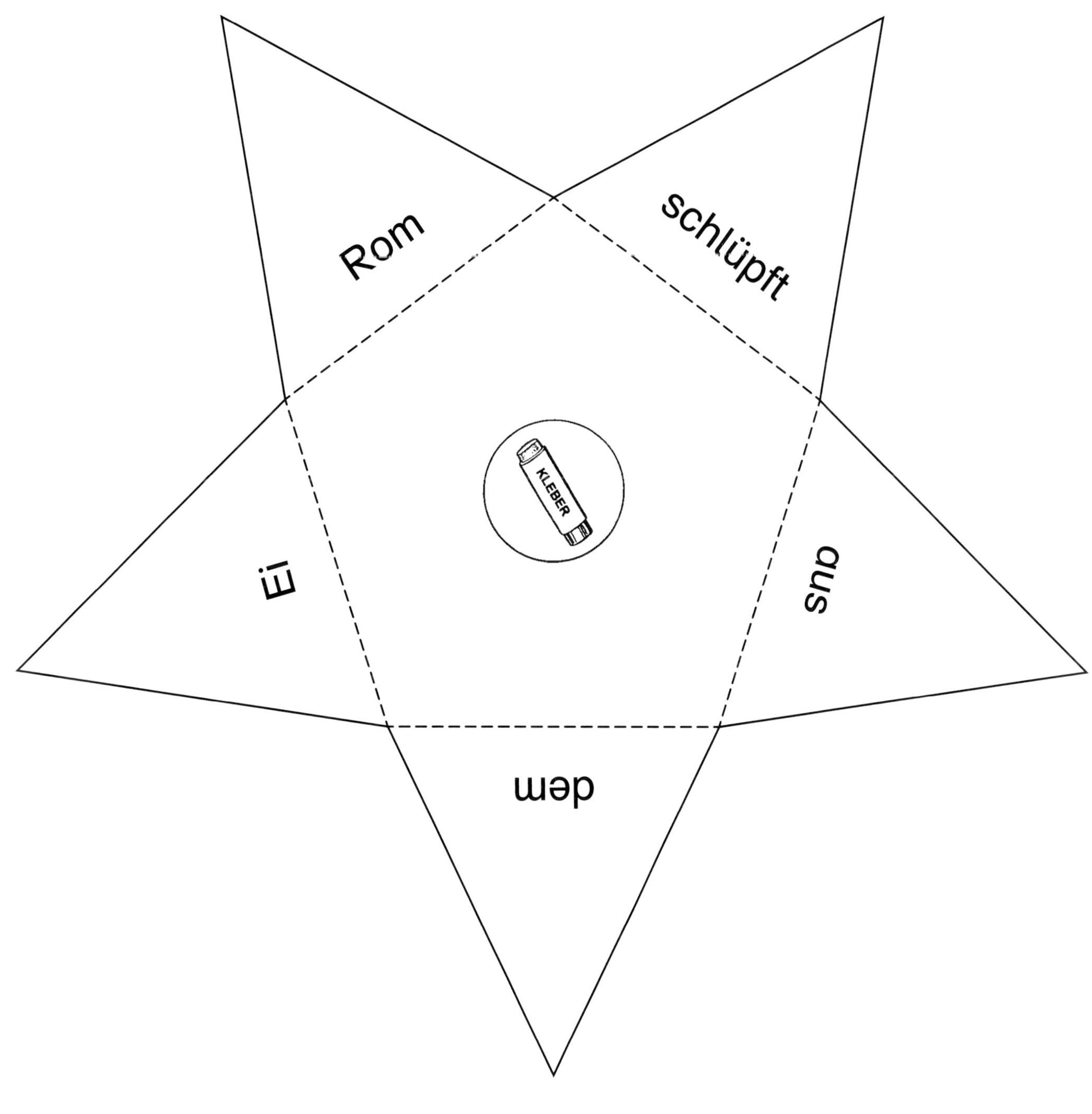

Weltmacht Rom

Im Jahr 117 n. Chr. war das römische Reich am größten.
Zu ihm gehörten große Teile Europas, wie zum Beispiel das heutige Italien, Griechenland, Spanien, Frankreich, England, die Schweiz, Österreich und Teile Deutschlands.
Es reichte sogar bis nach Afrika und Asien.

1. Bastle die vierblättrige Blüte.

Du brauchst:

Vorlage „Vierblättrige Blüte"

So geht's:

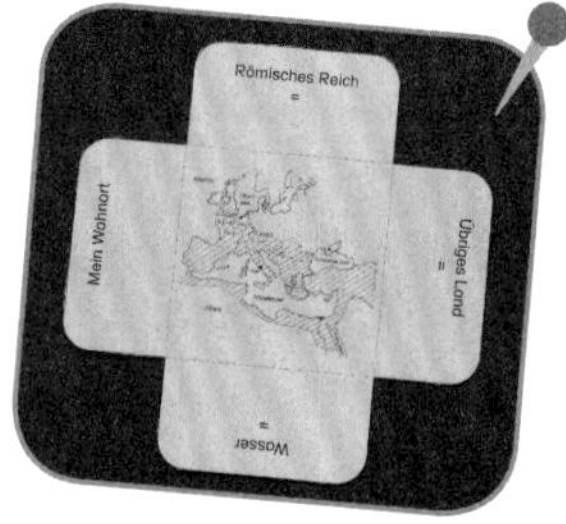

1. Vorlage ausschneiden ———.
2. Blütenblätter der Reihe nach nach innen falten --------.

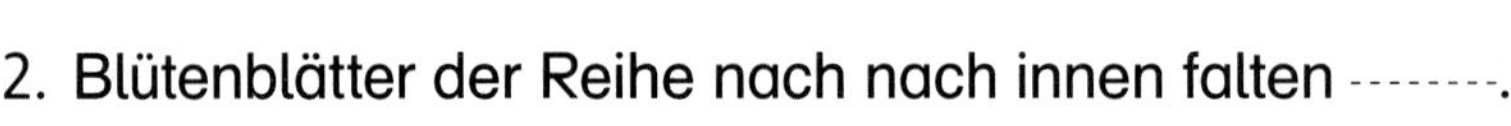

3. Blume verschließen (letztes unter das erste Blatt schieben).
4. Blume mit der Rückseite auf das Lapbook kleben.

2. Male das Römische Reich, das übrige Land und das Wasser jeweils in einer anderen Farbe an.
Markiere mit einem Punkt deinen Wohnort auf der Karte.

3. Schreibe in je ein Blütenblatt, mit welcher Farbe du was beschriftet hast.
Schreibe in das letzte Blatt den Namen deines Wohnortes.

Vorlage „Vierblättrige Blüte“

Römisches Reich

=

Mein Wohnort

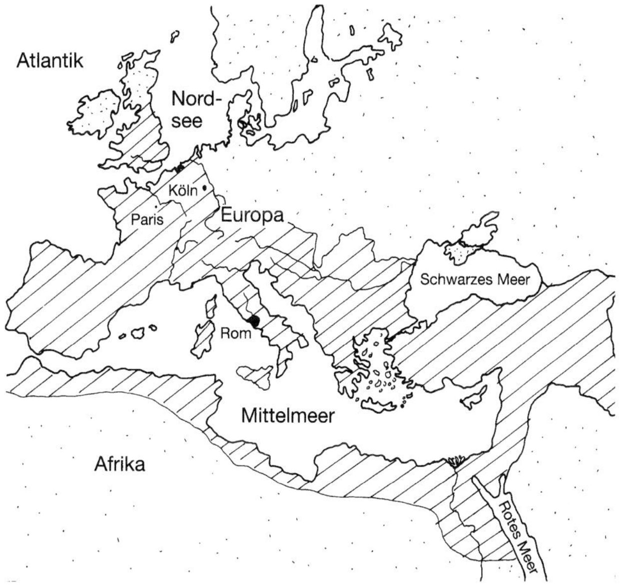

Atlantik

Nord-
see

Köln

Paris

Europa

Schwarzes Meer

Rom

Mittelmeer

Afrika

Rotes Meer

Übriges Land

=

=

Wasser

Kaiser

Ab 27 v. Christus, mit der Herrschaft von Augustus, begann die römische Kaiserzeit. Augustus war der Adoptivsohn des berühmten Julius Caesar.
Alle folgenden Kaiser trugen daher später die Beinamen „Julius Caesar Augustus".
Ab 27 v. Chr. wurde Rom von Kaisern regiert.

1. Bastle das Flip-Flap-Leporello.

Du brauchst:

Vorlage „Flip-Flap-Leporello"

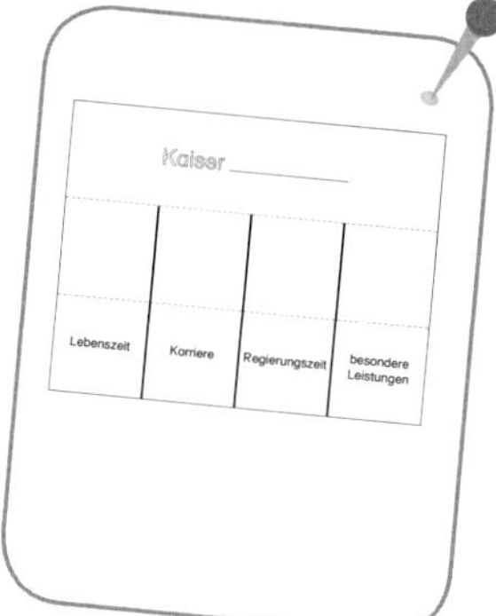

So geht's:

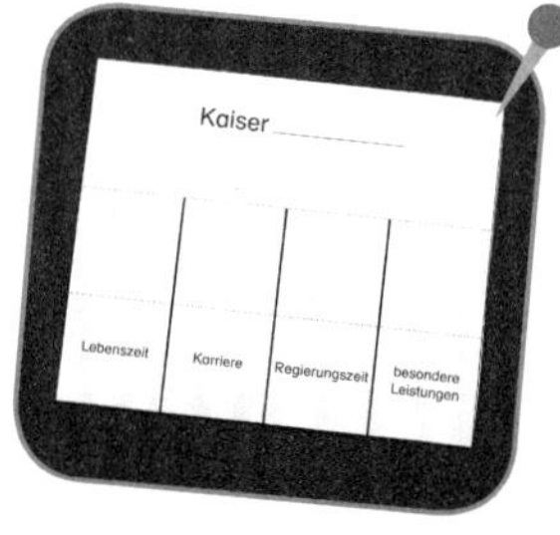

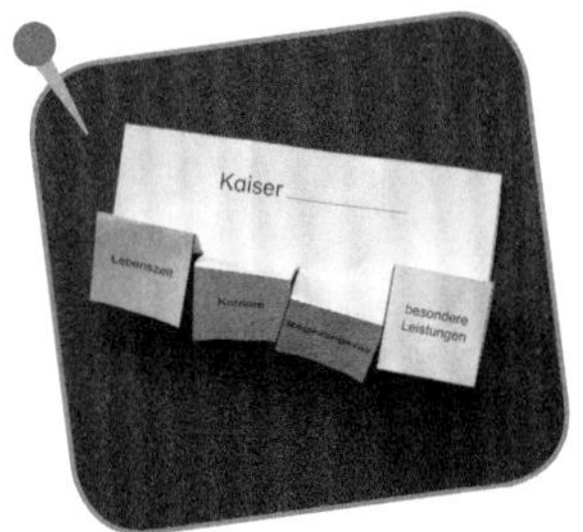

1. Vorlage ausschneiden ——.
2. Dicke Linien einschneiden ——.
3. Klappen einmal vor und einmal zurück falten.
4. Vorlage mit der Rückseite auf das Lapbook kleben.

2. Kennst du einen römischen Kaiser?
Finde so viel wie möglich über ihn heraus.
Fülle den Steckbrief aus.

Vorlage „Flip-Flap-Leporello"

Kaiser ____________________

Lebenszeit	Karriere	Regierungszeit	besondere Leistungen

Götter

Die Römer glaubten an verschiedene Götter.
Jeder von ihnen hatte eine ganz bestimmte Aufgabe.
Je nach Situation wurde ein anderer Gott angebetet.

1. Bastle das Register.

Du brauchst:

Vorlage „Register",
Heftgerät mit Heftklammern

So geht's:

1. Karten ausschneiden ——.
2. Karten in richtiger Reihenfolge übereinanderlegen.
3. Karten an den dicken Linien zusammenheften ——.
4. Rückseite der letzten Karte auf das Lapbook kleben.

2. Welche Götter siehst du?
Schreibe unter die Bilder, welche Aufgabe der abgebildete Gott hat.

Göttin der Jagd — Gott des Himmels und des Blitzes — Gott der Liebe

Gott des Meeres — Gott der Unterwelt

Vorlage „Register"

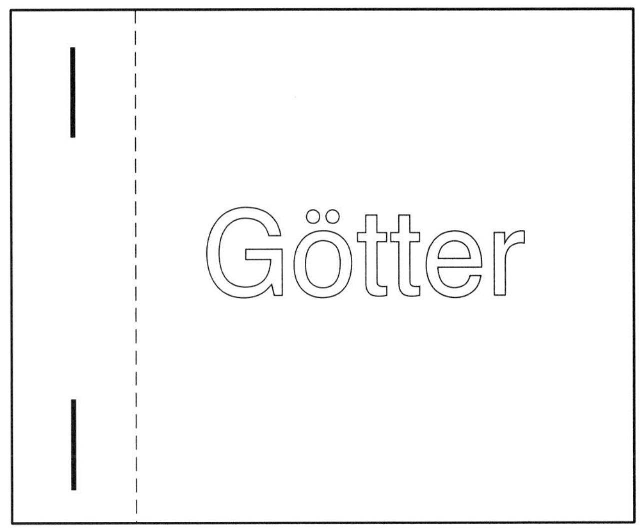

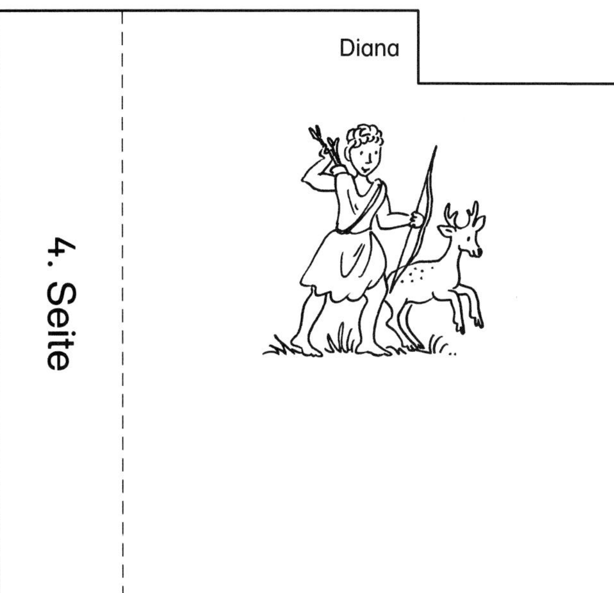

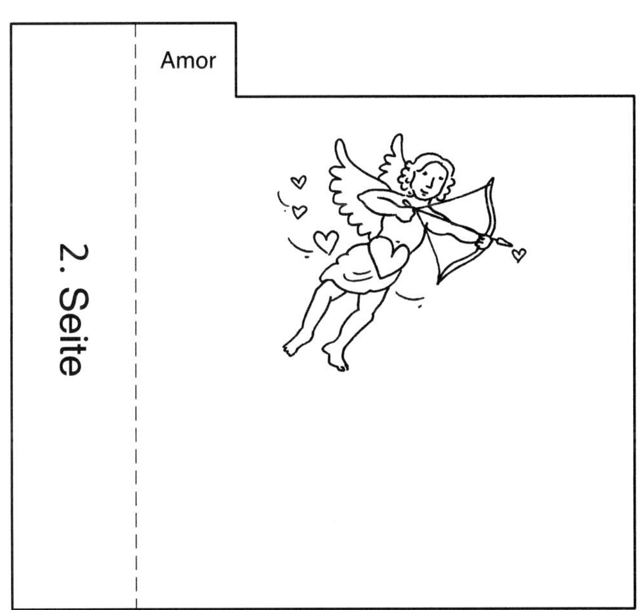

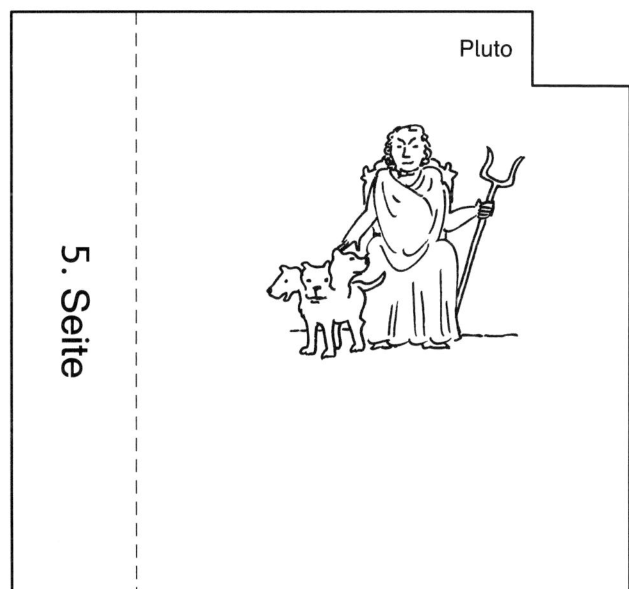

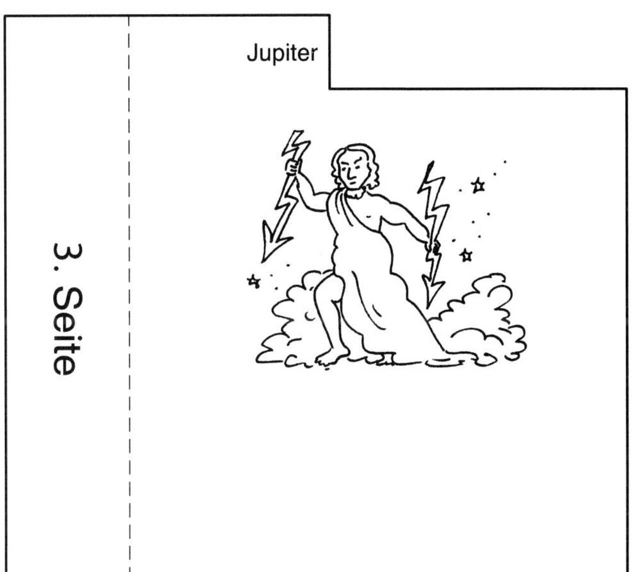

Heer

Römische Soldaten waren gut ausgestattet.
So konnten sie ihre Feinde besiegen und waren gleichzeitig vor Angriffen geschützt.

1. Bastle den Helm-Fächer.

Du brauchst:

Vorlage „Helm-Fächer",
1 Musterklammer

So geht's:

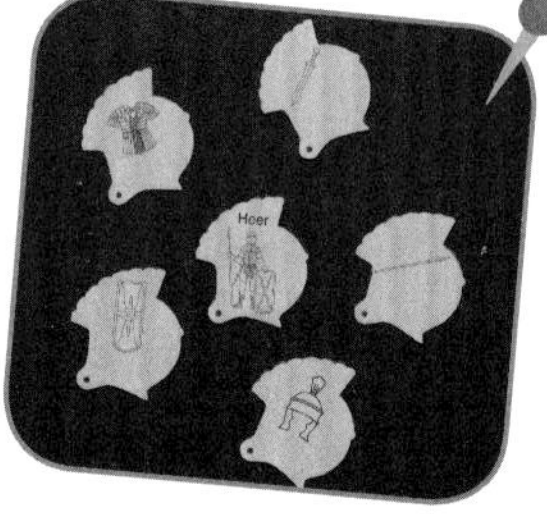

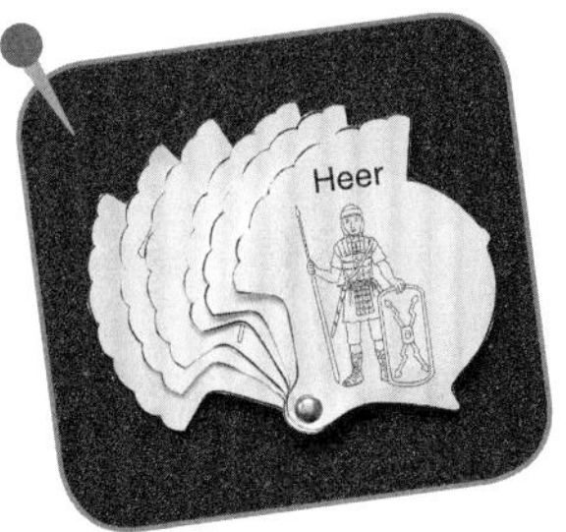

1. Helme ausschneiden ——.
2. Helme aufeinanderlegen.
3. Loch mit Bleistift durch alle Vorlagen stechen.
4. Helme mit Musterklammer zusammenheften.
5. Hintersten Helm auf das Lapbook kleben.

2. Was gehört zur Ausstattung eines römischen Soldaten?
Schreibe unter die Bilder des Helm-Fächers.

Helm Speer (pilum) Schwert (gladium)

Schild Schutzpanzer

Vorlage „Helm-Fächer"

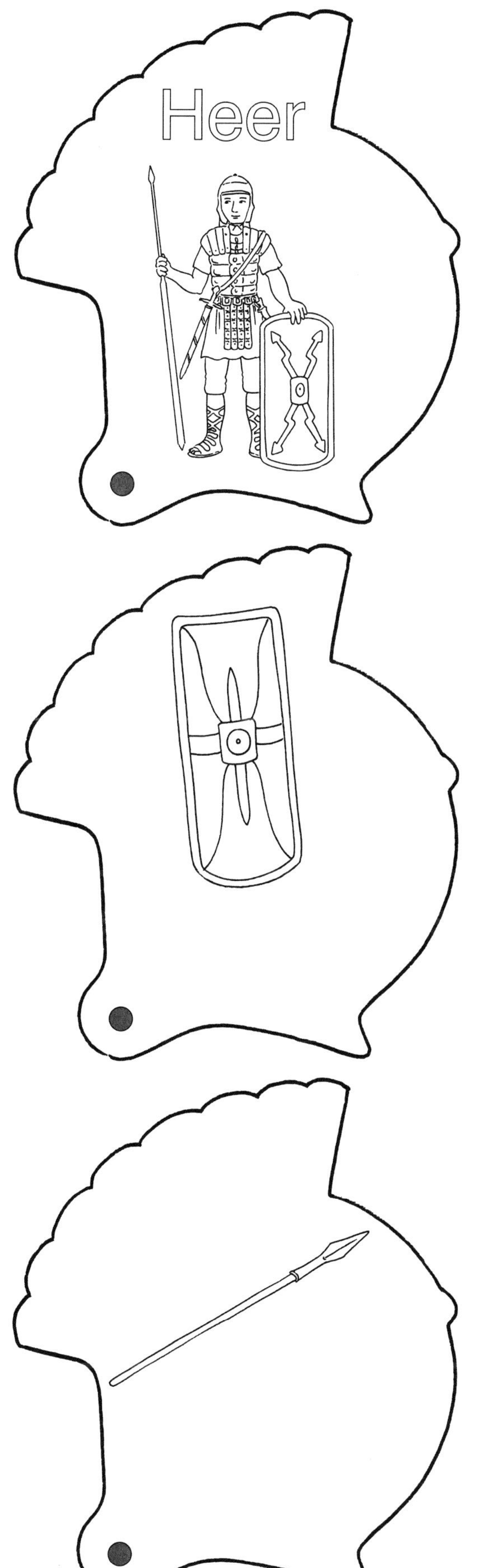

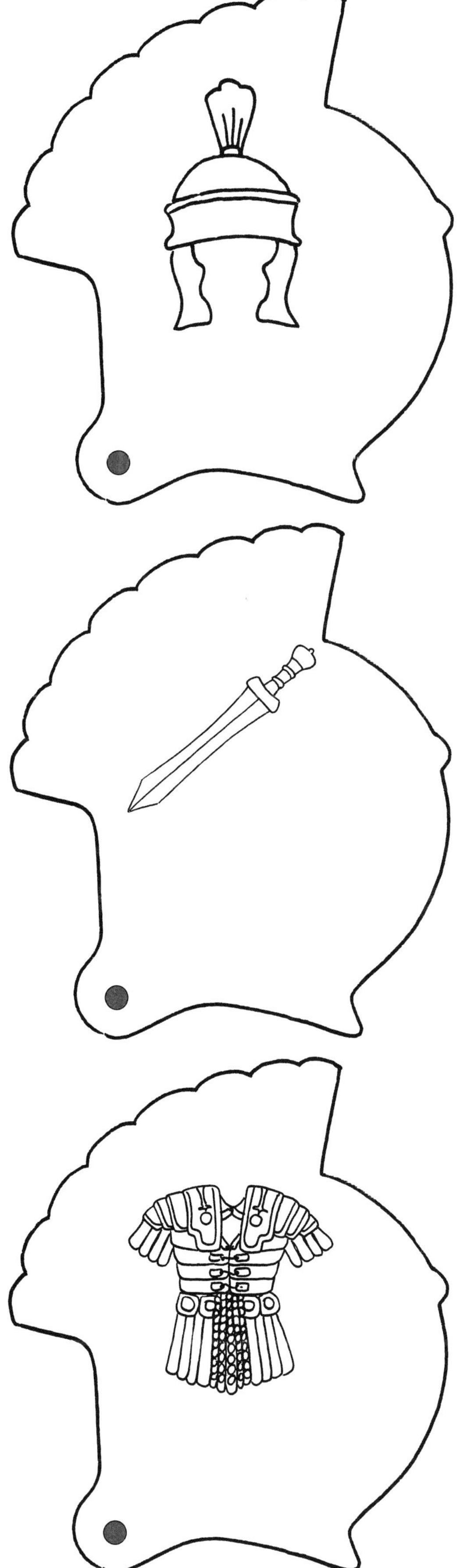

Fakten zum Limes

Der Limes war eine riesige römische Grenzanlage, die das Reich vor Eindringlingen schützen sollte.

1. **Bastle die schmale Tasche mit Einsteckkarten.**

Du brauchst:

Vorlage „Schmale Tasche mit Einsteckkarten“

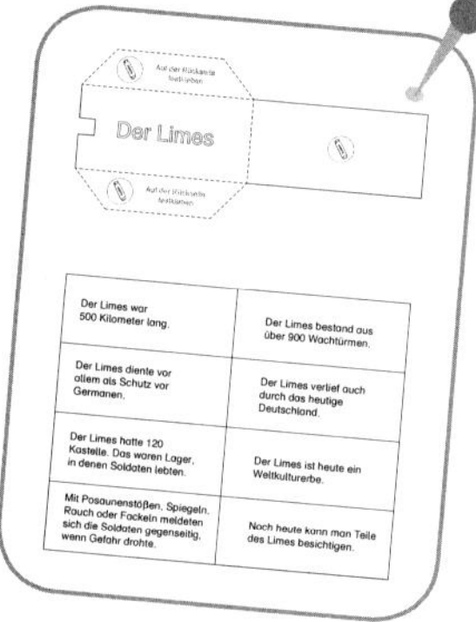

So geht's:

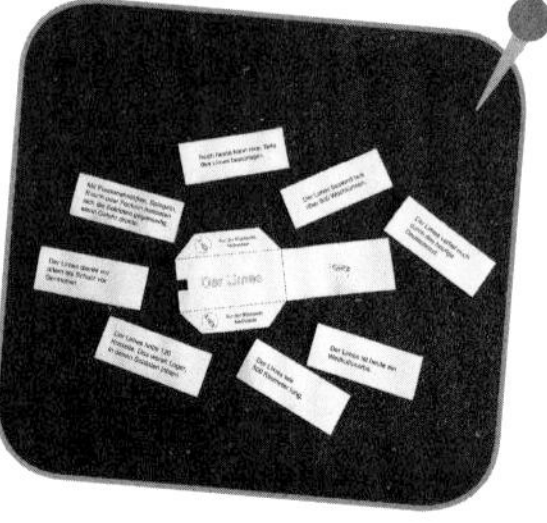

1. Tasche ausschneiden ———.
2. Klebefläche nach hinten falten --------.
3. Tasche zusammenkleben.
4. Einsteckkarten ausschneiden ———.
5. Karten in die Tasche stecken.
6. Tasche auf das Lapbook kleben.

2. **Lies die Fakten zum Limes und stecke sie in die Tasche.**

Vorlage „Schmale Tasche mit Einsteckkarten"

Auf der Rückseite festkleben

Der Limes

Auf der Rückseite festkleben

Der Limes war 500 Kilometer lang.	Der Limes bestand aus über 900 Wachtürmen.
Der Limes diente vor allem als Schutz vor Germanen.	Der Limes verlief auch durch das heutige Deutschland.
Der Limes hatte 120 Kastelle. Das waren Lager, in denen Soldaten lebten.	Der Limes ist heute ein Weltkulturerbe.
Mit Posaunenstößen, Spiegeln, Rauch oder Fackeln meldeten sich die Soldaten gegenseitig, wenn Gefahr drohte.	Noch heute kann man Teile des Limes besichtigen.

Zahlen

Die Römer schrieben Zahlen mit anderen Schriftzeichen auf, als wir das heute tun. Man nennt sie „Römische Ziffern".

1. Bastle das Klappbuch Schreibtafel.

Du brauchst:

Vorlage „Klappbuch Schreibtafel"

So geht's:

1. Schreibtafel ausschneiden ——.
2. Vorlage nach hinten falten -------- .
3. Schreibtafel mit der Klebefläche auf das Lapbook kleben.

2. Sieh dir die Zahlen an:

1 = I	2 = II	3 = III	4 = IV	5 = V
6 = VI	7 = VII	8 = VIII	9 = IX	10 = X
20 = XX	50 = L	100 = C	500 = D	1000 = M

Schreibe dein Geburtsdatum als römische Zahl in die Schriftrolle.

Vorlage „Klappbuch Schreibtafel"

Sprache

Die Sprache der Römer war lateinisch.
Auch in unserer Sprache gibt es noch Wörter, die auf das Lateinische zurückgehen.

1. Bastle das einfache Flip-Flap.

Du brauchst:

Vorlage „Einfaches Flip-Flap"

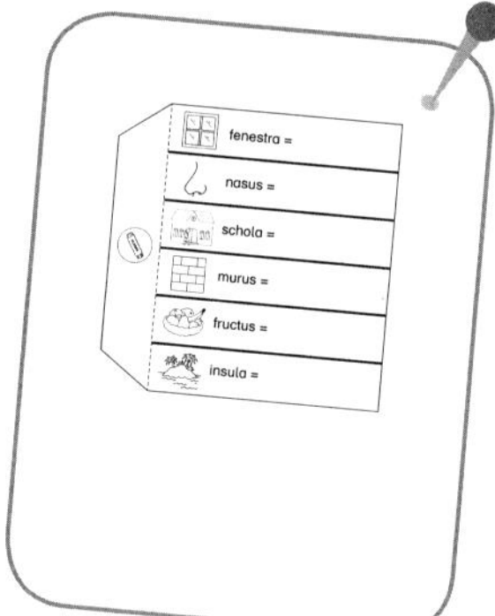

So geht's:

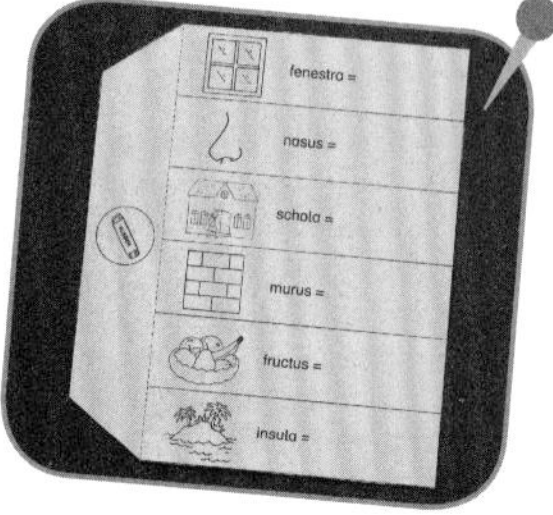

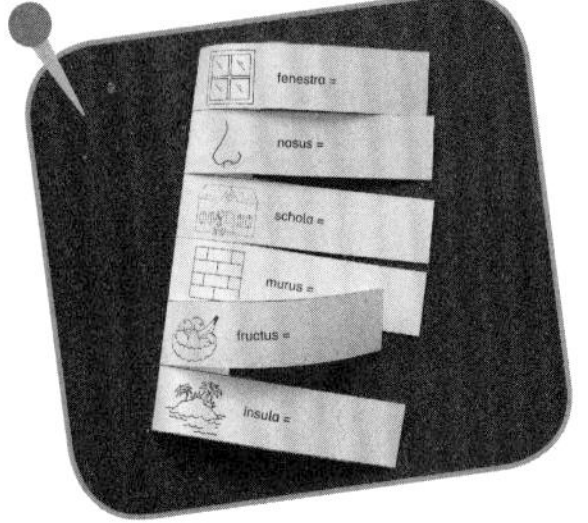

1. Vorlage ausschneiden ——.
2. Dicke Linien einschneiden ▬▬.
3. Klappen nach hinten falten --------.
4. Flip-Flap mit der Seitenlasche auf das Lapbook kleben.

2. Schreibe das deutsche Wort auf.

Vorlage „Einfaches Flip-Flap"

fenestra =

nasus =

schola =

murus =

fructus =

insula =

Kleidung

Je nachdem ob Mann oder Frau oder welches politische Amt man erfüllte, trugen die Römer unterschiedliche Kleidung.

1. Bastle die Flügelklappe.

Du brauchst:

Vorlage „Flügelklappe“

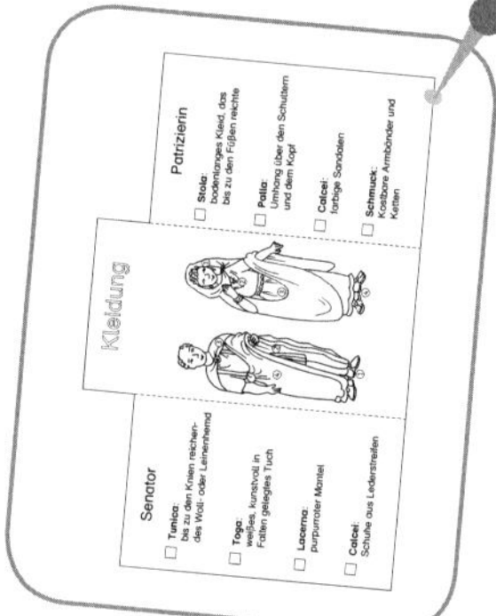

So geht’s:

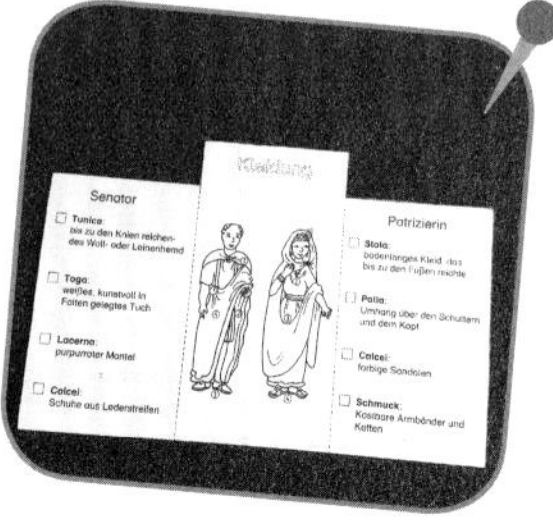

1. Flügelklappe ausschneiden ——.
2. Klappen nach innen falten --------.
3. Klappe mit der Rückseite auf das Lapbook kleben.

2. Sieh dir den Senator und die Patrizierin an.
Welche Kleidungsstücke trugen die Römer?
Lies die Sätze und ordne ihnen die passende Bildnummer zu.

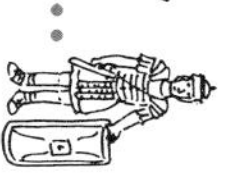

Vorlage „Flügelklappe“

Kleidung

Senator

- [ ] **Tunica**: bis zu den Knien reichendes Woll- oder Leinenhemd
- [ ] **Toga**: weißes, kunstvoll in Falten gelegtes Tuch
- [ ] **Lacerna**: purpurroter Mantel
- [ ] **Calcei**: Schuhe aus Lederstreifen

Patrizierin

- [ ] **Stola**: bodenlanges Kleid, das bis zu den Füßen reichte
- [ ] **Palla**: Umhang über den Schultern und dem Kopf
- [ ] **Calcei**: farbige Sandalen
- [ ] **Schmuck**: Kostbare Armbänder und Ketten

Bad

Rom war bekannt für seine Thermen. Sie waren mit schönen Mosaiken, Wandmalereien und Statuen verziert. Im Bad trafen sich die Menschen.

1. Bastle das Pop-up.

Du brauchst:

Vorlage „Pop-up"

So geht's:

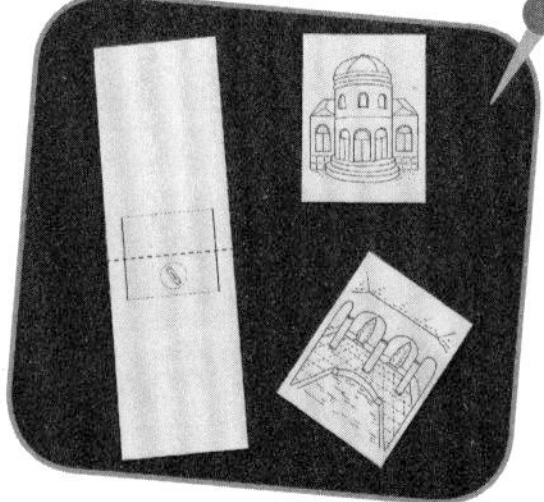

1. Vorlage ausschneiden ——.
2. Vorlage falten – – –.

3. Dicke Linien einschneiden ——.
4. Eingeschnittene Lasche nach vorne ziehen.
5. Titelseite ausschneiden und außen auf das Pop-up kleben.
6. Pop-up-Bild ausschneiden und auf das Klebesymbol im Buch kleben.
7. Pop-up schließen und mit der Rückseite auf das Lapbook kleben.

2. Warst du auch schon einmal in einer Therme?
Male das Bild an.
Schreibe unter das Bild, was dir an einer Therme besonders gut gefällt.

Vorlage „Pop-up"

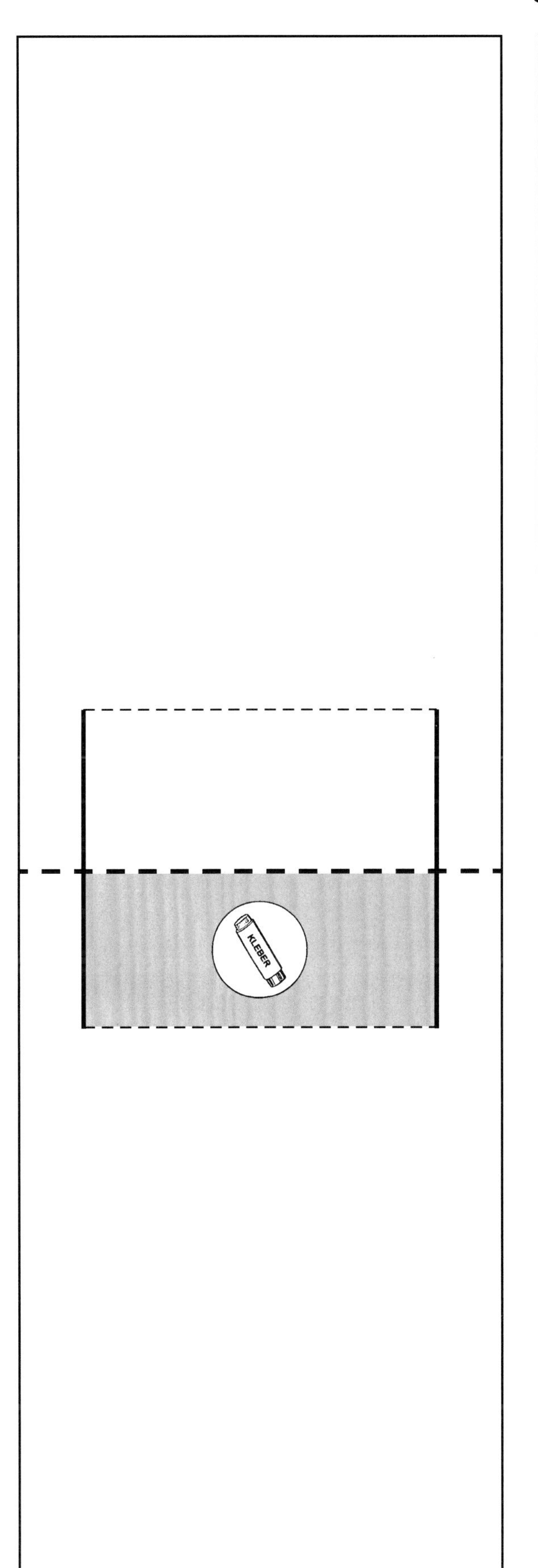

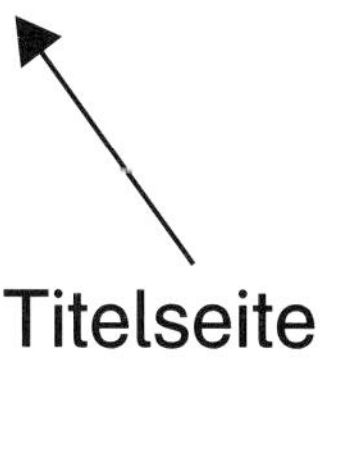

Titelseite

Pop-up-
Bild

Spiele

In ihrer Freizeit besuchten Römer gerne das Amphitheater. Das berühmteste davon war das Kolosseum. Ähnlich wie im heutigen Zirkus fanden dort Aufführungen statt.
Anders als heute waren diese aber sehr blutrünstig: Wagenrennen waren sehr gefährlich und Gladiatoren mussten bis zum Tod kämpfen.

1. Bastle das Klappbuch Kolosseum.

Du brauchst:

Vorlage „Klappbuch Kolosseum"

So geht's:

1. Kolosseum ausschneiden ——.
2. Vorlage nach hinten falten --------.
3. Kolosseum mit der Klebefläche auf das Lapbook kleben.

2. Was weißt du über römische Spiele? Male oder schreibe es in das Klappbuch.

Vorlage „Klappbuch Kolosseum"

KLEBER

Gesellschaftsordnung

Der mittelalterliche Staat war ein Kaiserreich.
An der Spitze stand der Kaiser.
Ihm dienten Fürsten und Bischöfe.
Darunter standen die Ritter und Grafen.
Den niedrigsten Stand hatten die Bauern und Bürger der Städte.

1. Bastle das Dreiecks-Flip-Flap.

Du brauchst:

Vorlage „Dreiecks-Flip-Flap"

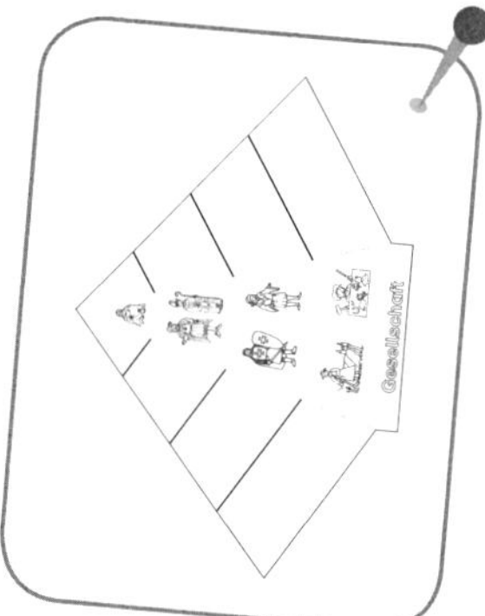

So geht's:

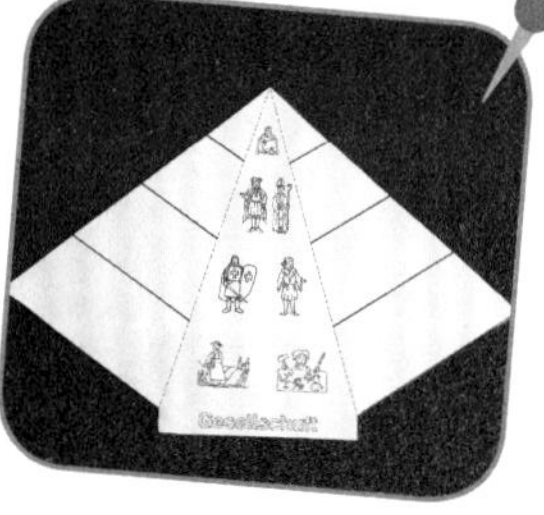

1. Vorlage ausschneiden ——.
2. Dicke Linien einschneiden ▬▬.
3. Klappen zur Mitte falten --------.
4. Vorlage mit der Rückseite auf das Lapbook kleben.

2. Beschrifte die Pyramide.

Vorlage „Dreiecks-Flip-Flap"

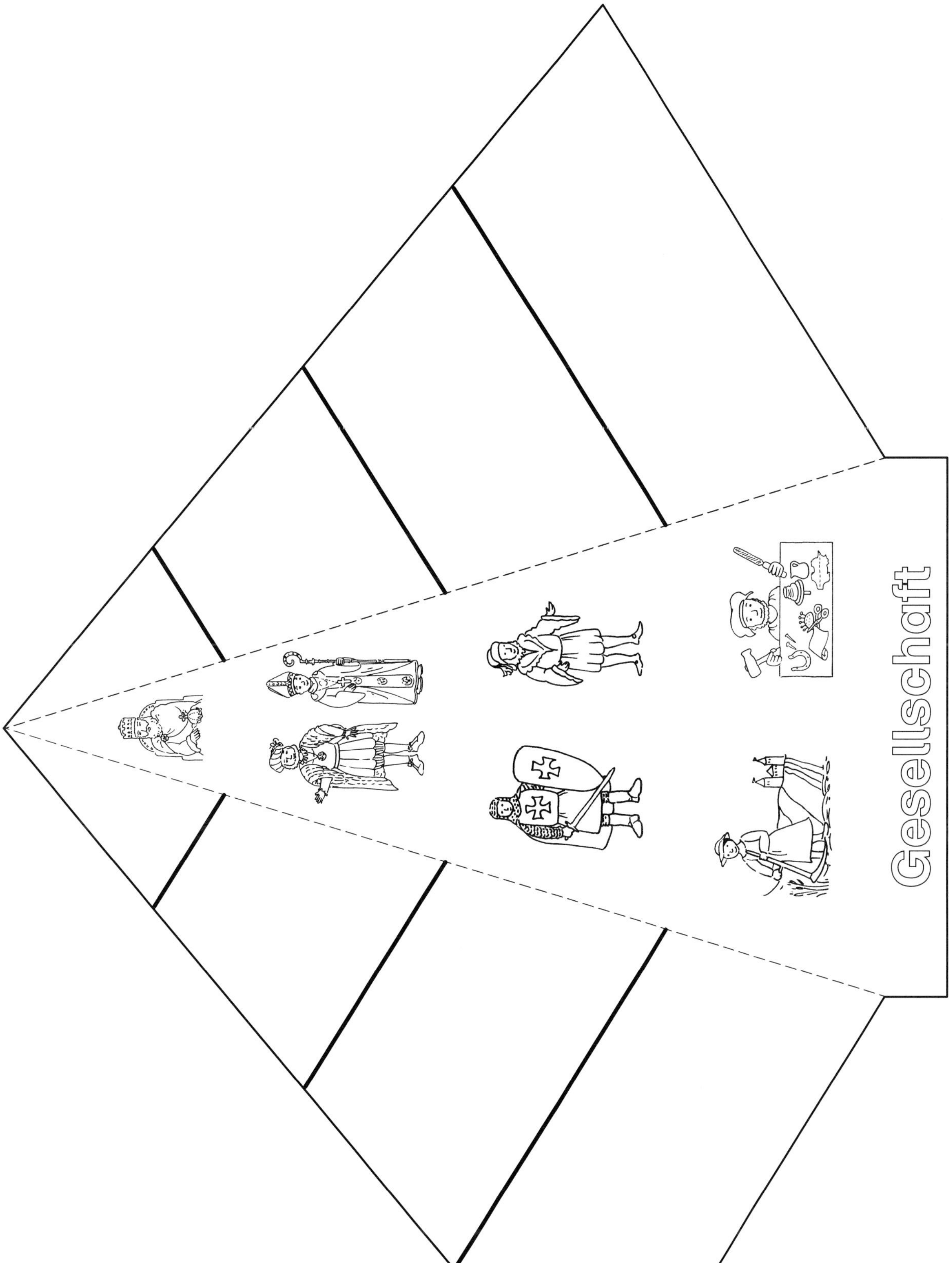

Gesellschaft

Leben: Stadt, Land und Burg

Nicht alle Menschen des Mittelalters lebten auf einer Burg. Viele Menschen waren Bauern und lebten auf dem Land. Andere lebten und arbeiteten in den Städten. Sie hatten verschiedene Handwerksberufe oder waren Händler.

1. Bastle die Streichholzbriefe.

Du brauchst:

Vorlage „Streichholzbriefe“

So geht's:

1. Vorlagen ausschneiden ——.
2. Klappen nach hinten falten -------- (kleinere Klappe über der größeren).
3. Streichholzbriefe mit der Klebefäche auf das Lapbook kleben.

2. Wer lebte wo? Wie war das Leben? Ordne zu und schreibe es in die Streichholzbriefe.

Magd		Ritter		Burgherr	
Handwerker		Händler		Burgfräulein	
Page		Kaufmann		Knecht	

Vorlage „Streichholzbriefe"

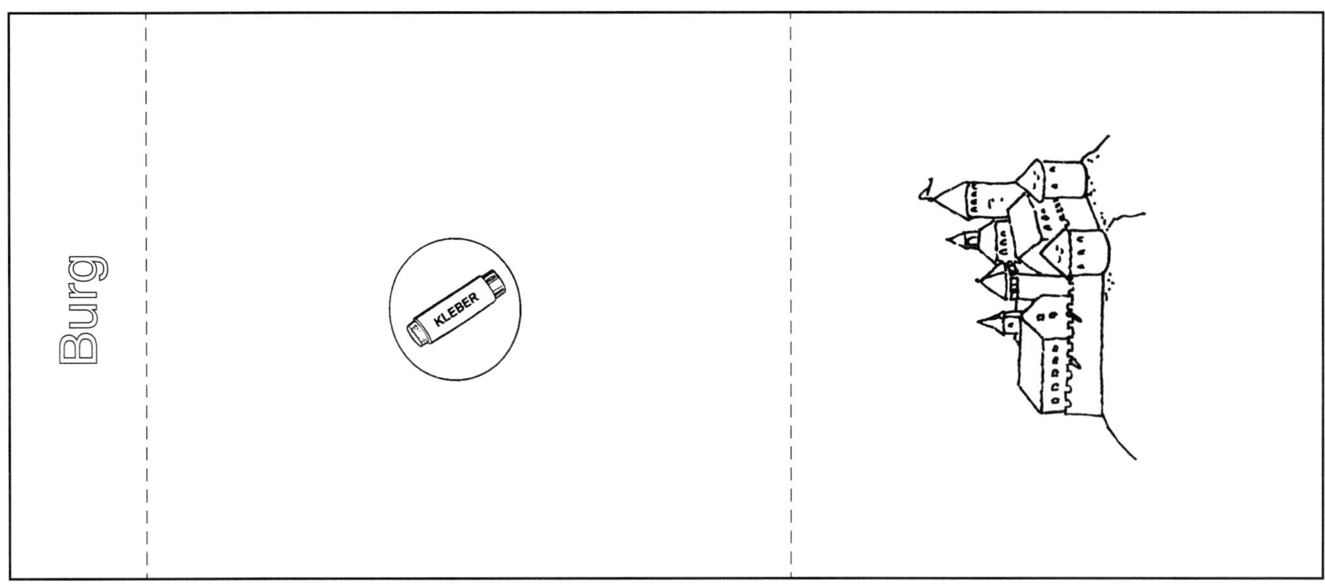

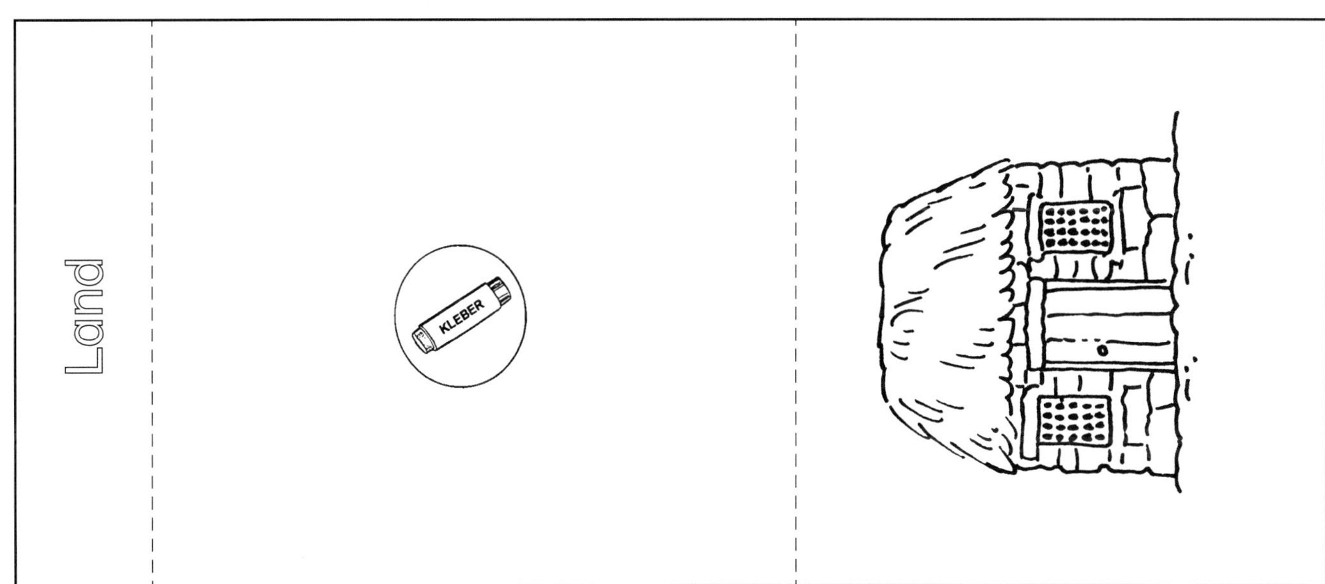

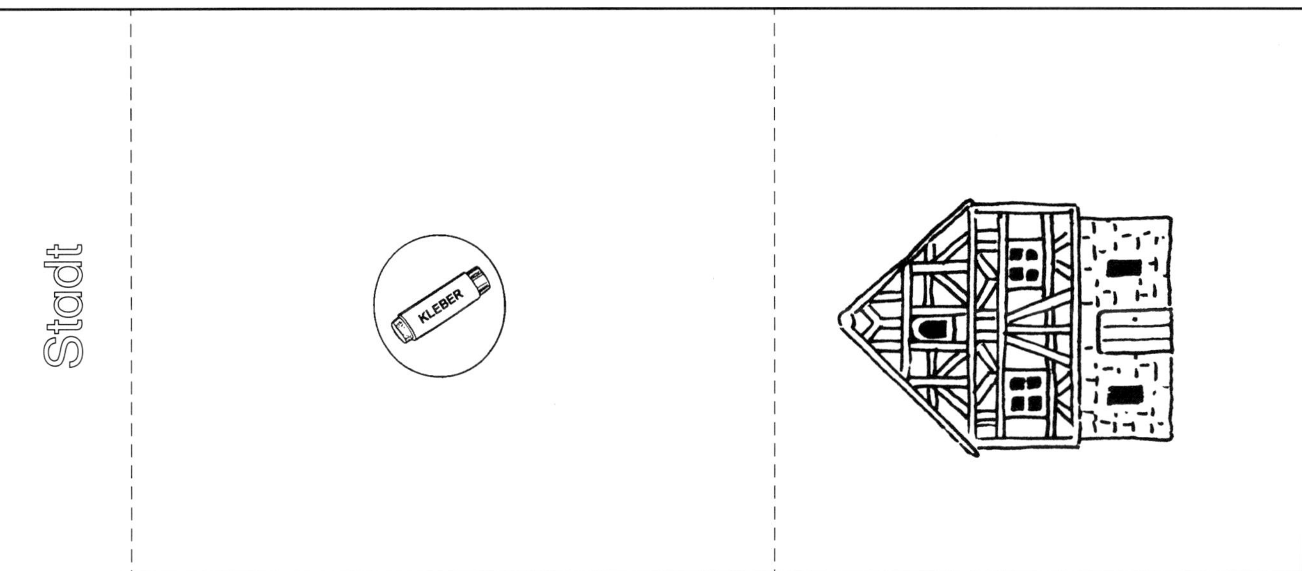

Glaube und Kirche

Die Kirche war den Menschen im Mittelalter sehr wichtig. Im sogenannten „dunklen Zeitalter" hatten die Menschen nämlich ein hartes Leben: Krankheiten, Hungersnöte, Plagen und Missernten waren alltäglich. Der Glaube an Gott und an ein besseres Leben im Himmel nach dem Tod gab ihnen Hoffnung.

1. Bastle das Kreuz.

 **Du brauchst:**

Vorlage „Kreuz"

 **So geht's:**

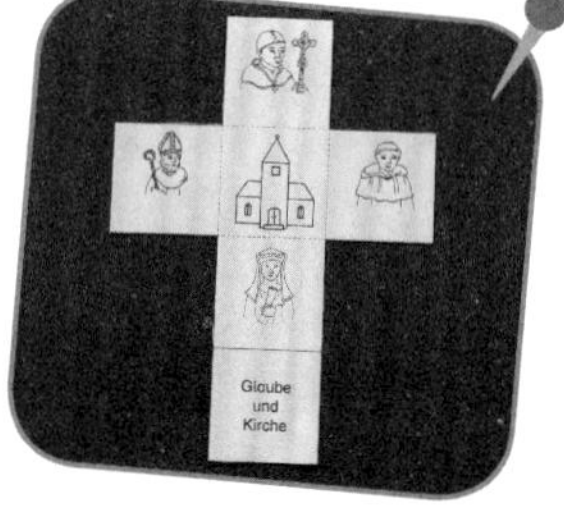

1. Vorlage ausschneiden ——.
2. Vorlage zur Mitte hin falten --------.
3. Titelseite nach außen knicken.
4. Kreuz mit der Rückseite auf das Lapbook kleben.

2. Beschrifte die Bilder auf dem Kreuz:

Papst Bischof Mönch Nonne

Vorlage „Kreuz"

Glaube
und
Kirche

Aufbau einer Burg

Ritter, Burgfräulein und zahlreiche Angestellte lebten im Mittelalter auf Burgen. In deren Mauern war man vor Angreifern geschützt. Das Leben auf einer Burg war aber alles andere als leicht. Gerade im Winter war es dort zugig und kalt.

1. Bastle das Klappbuch Burg.

Du brauchst:

Vorlage „Klappbuch Burg"

So geht's:

1. Burg ausschneiden ——.
2. Vorlage nach hinten falten --------.
3. Burg mit der Klebefläche auf das Lapbook kleben.

2. Beschrifte die Teile einer Burg.
Schreibe dazu die Nummern 1 bis 9 in dein Klappbuch.
Schreibe hinter jede Nummer den passenden Teil der Burg, den du auf dem Bild siehst.

Burggraben   Tor mit Zugbrücke   Stall und Scheune   Kapelle   Bergfried

Palas (Herrenhaus mit Rittersaal und Kemenate)   Innenhof mit Brunnen und Garten

Ringmauer mit Schießscharten   Wehrturm und Wehrgang

Vorlage „Klappbuch Burg"

Ritterrüstung

Durch seine Rüstung war der Ritter im Kampf gut geschützt.

1. Bastle das Schmetterlings-Flip-Flap.

 **Du brauchst:**

Vorlage „Schmetterlings-Flip-Flap"

 **So geht's:**

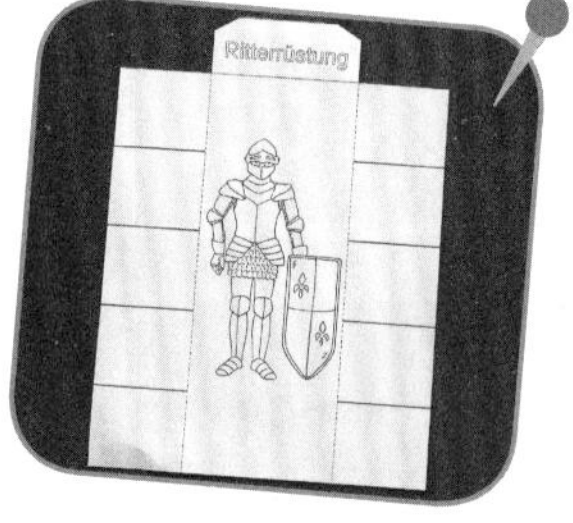

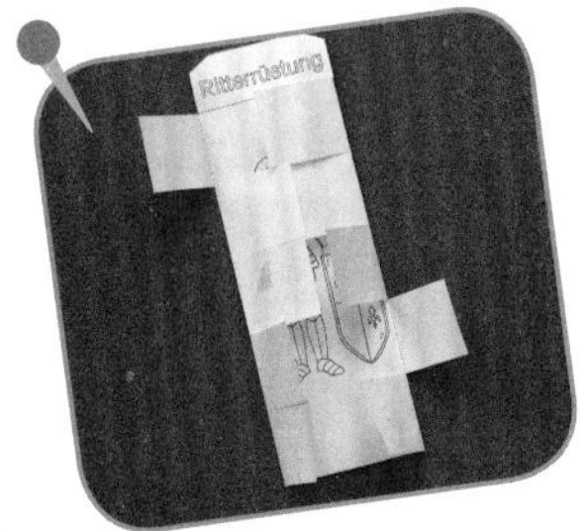

1. Vorlage ausschneiden ——.
2. Dicke Linien einschneiden ——.
3. Klappen nach innen falten.
4. Vorlage mit der Rückseite auf das Lapbook kleben.

2. Schreibe die Begriffe in je ein Feld des Schmetterlings-Flip-Flaps. Zeichne einen Pfeil vom Wort zur Stelle der Rüstung.

Helm Visier Schulterpanzer Brustharnisch

Ellbogenkachel Stahlhandschuh Hüftpanzerung

Kettenrock Kniestück Beinschiene

Vorlage „Schmetterlings-Flip-Flap"

Ritterrüstung

Wappen

Das Schild eines Ritters war mit bunten Bildern bemalt. Diese Zeichnungen nannte man Wappen. Am Wappen konnte man sofort erkennen, zu welcher Familie oder Gruppe der Ritter gehörte. Das war vor allem im Kampf wichtig, um Freund und Feind zu unterscheiden.

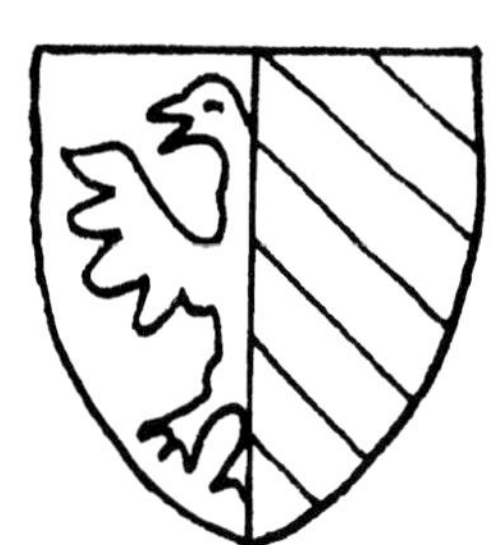

1. Bastle das Klappbuch Wappen.

Du brauchst:

Vorlage „Klappbuch Wappen"

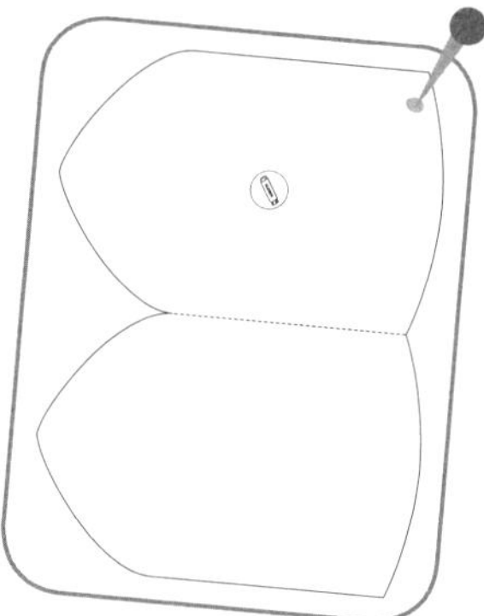

So geht's:

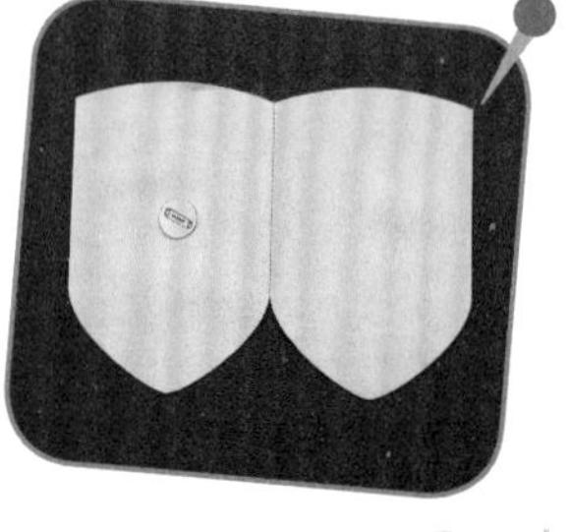

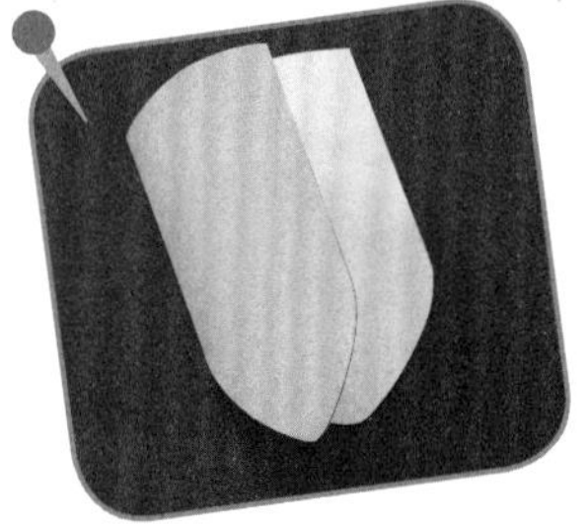

1. Wappen ausschneiden ——.
2. Vorlage nach hinten falten --------.
3. Wappen mit der Klebefläche auf das Lapbook kleben.

2. Zeichne dein eigenes Wappen auf die Vorderseite des Klappbuches. Es sollte etwas über deine Person (z. B. Haustiere, Hobbies, Wohnort) aussagen.

3. Schreibe auf der Innenseite deines Klappbuches auf, was die Symbole bedeuten.

Vorlage „Klappbuch Wappen"

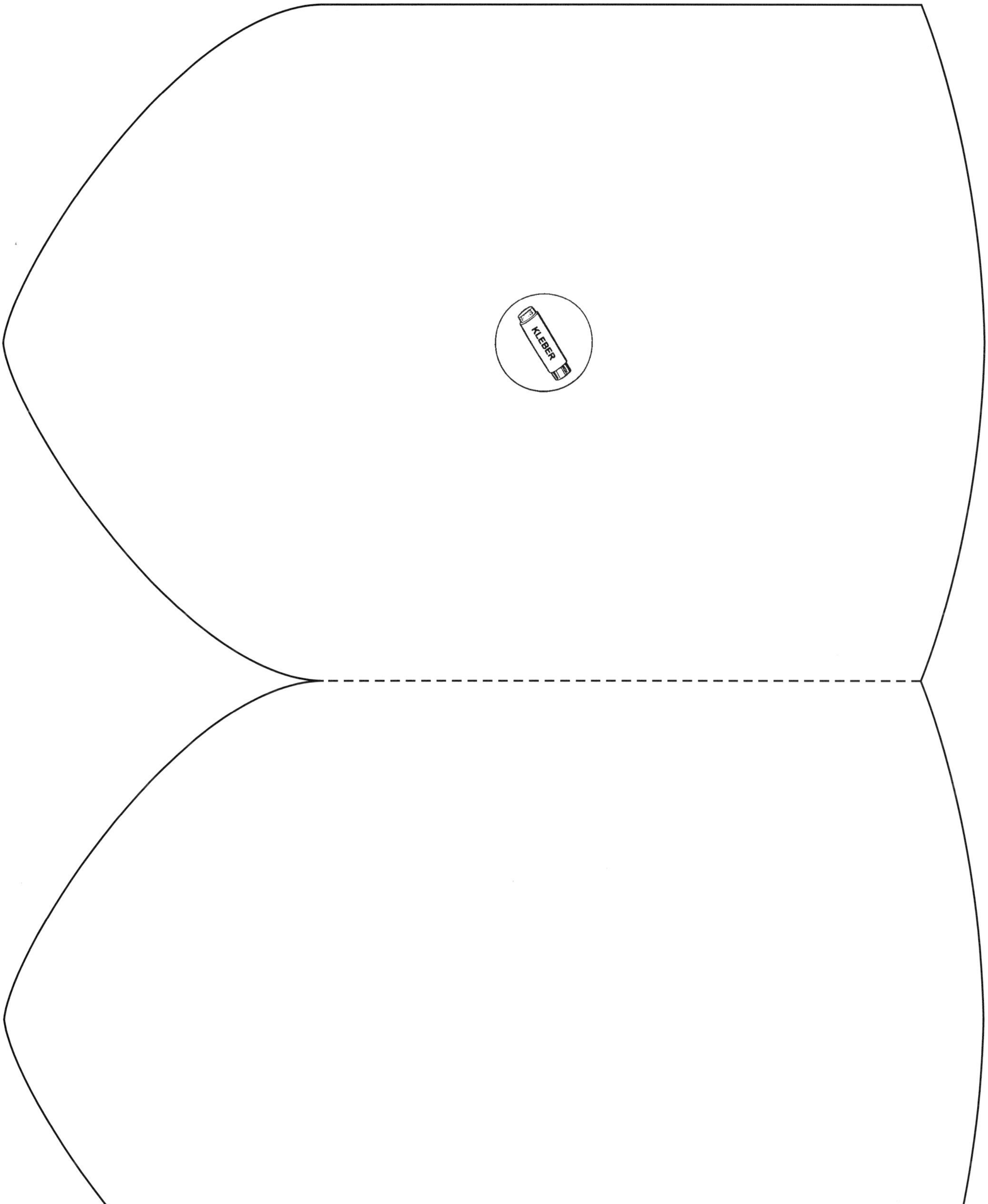

KLEBER

Buchdruck

Johannes Gutenberg erfand um 1455 die erste Buchdruckmaschine. Nun mussten Bücher nicht mehr mühevoll von Hand abgeschrieben werden.

1. **Bastle die Vorlage „Buch".**

 **Du brauchst:**

Vorlage „Buch"

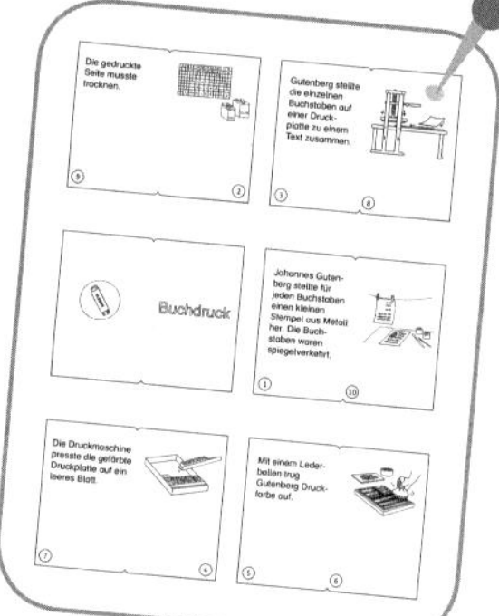

 **So geht's:**

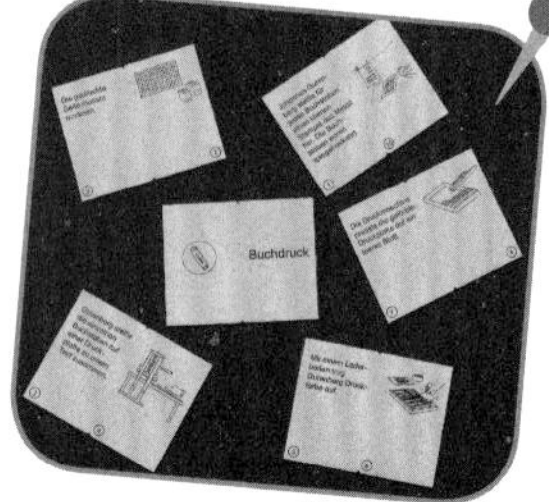

1. Vorlagen ausschneiden ——.
2. Vorlagen mit den weißen Flächen übereinanderlegen:
   Kleber/Buchdruck – 1/10
   9/2 – 3/8
   7/4 – 5/6
3. Seiten mit einer Heftklammer zusammenheften.
4. Leerseiten zusammenkleben.
5. Buch falten.
6. Buch mit der Klebefäche auf das Lapbook kleben.

2. **Lies das Buch, um zu erfahren, wie der Buchdruck früher funktionierte.**

Vorlage „Buch"

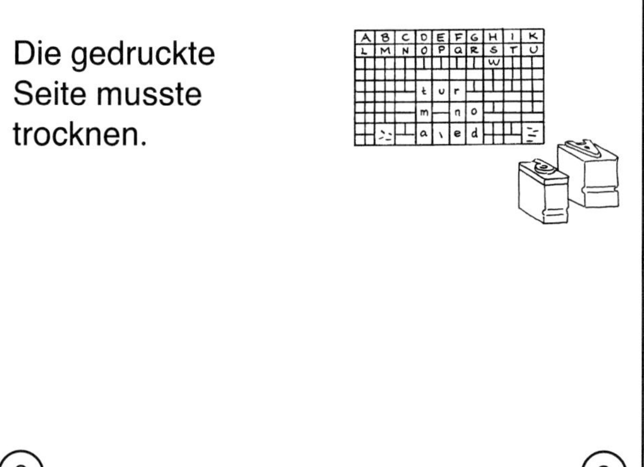

Die gedruckte Seite musste trocknen.

(9) (2)

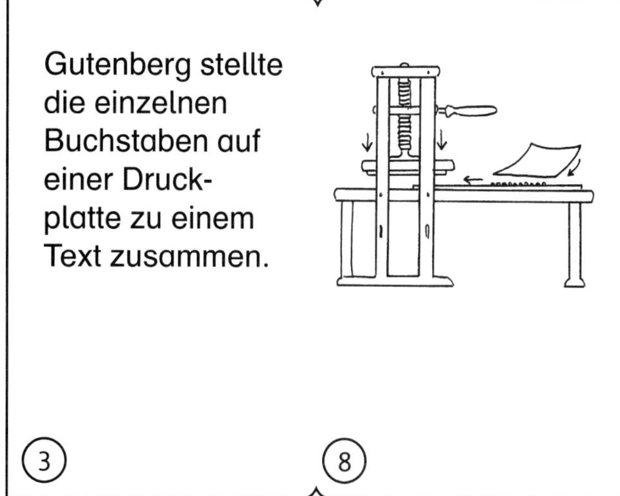

Gutenberg stellte die einzelnen Buchstaben auf einer Druckplatte zu einem Text zusammen.

(3) (8)

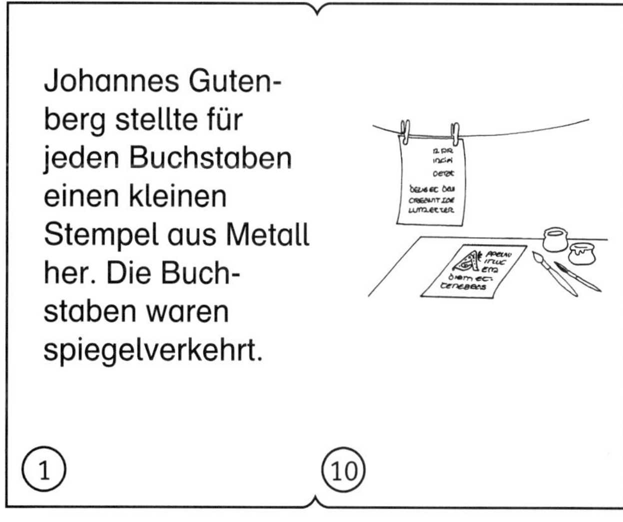

Johannes Gutenberg stellte für jeden Buchstaben einen kleinen Stempel aus Metall her. Die Buchstaben waren spiegelverkehrt.

(1) (10)

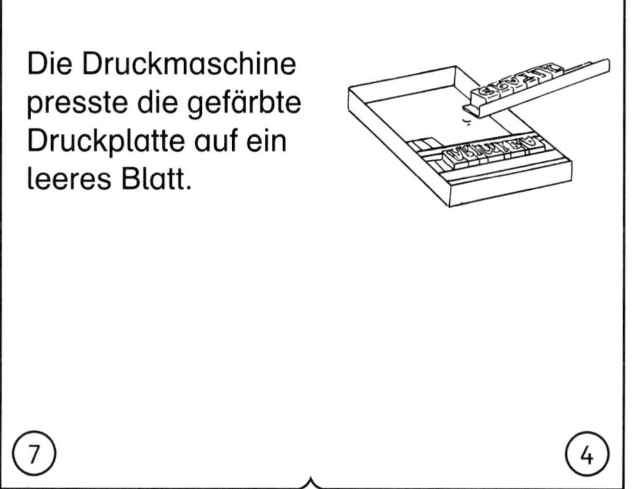

Die Druckmaschine presste die gefärbte Druckplatte auf ein leeres Blatt.

(7) (4)

Mit einem Lederballen trug Gutenberg Druckfarbe auf.

(5) (6)

Sagen

Im Mittelalter gab es zahlreiche Sagen. Dabei handelt es sich um wundersame Erzählungen und Geschichten, in denen auch Drachen vorkamen.

1. Bastle das Klappbuch Drache.

Du brauchst:

Vorlage „Klappbuch Drache"

So geht's:

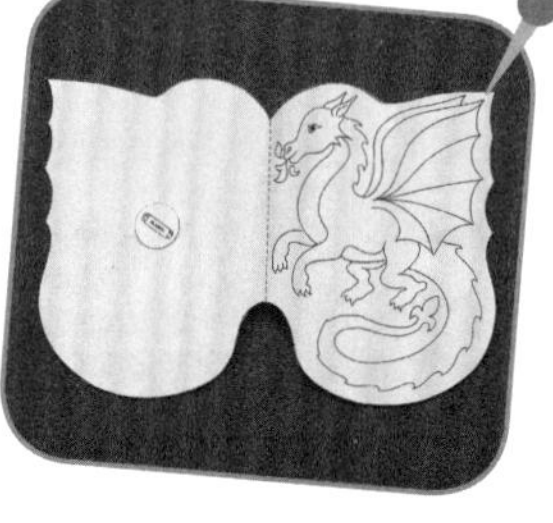

1. Drache ausschneiden ——.
2. Vorlage nach hinten falten --------.
3. Drache mit der Klebefläche auf das Lapbook kleben.

2. Kennst du die berühmte Sage von Siegfried dem Drachentöter? Male oder schreibe in das Klappbuch.

Vorlage „Klappbuch Drache"

KLEBER

Redensarten

Viele heutige Redensarten kommen aus dem Mittelalter. Heute ist die Redewendung zwar geblieben, ihre Bedeutung ist aber eher allgemeiner geworden. „Gut gerüstet sein" bedeutet zum Beispiel nicht mehr, dass man tatsächlich eine Rüstung trägt. Heute meint man damit, dass man auf eine Sache besonders gut vorbereitet ist – so wie ein Ritter damals vor einem Kampf.

1. Bastle die Mini-Sprechblasen.

Du brauchst:

Vorlage „Mini-Sprechblasen"

So geht's:

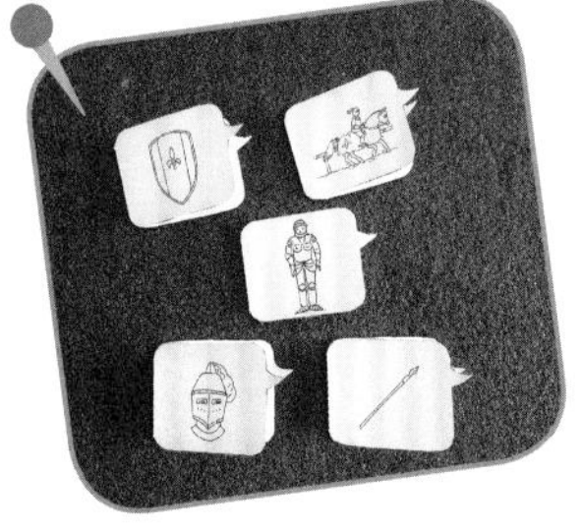

1. Sprechblasen ausschneiden ——.
2. Sprechblasen nach hinten falten --------.
3. Sprechblasen mit der Klebefläche auf das Lapbook kleben.

2. Schau dir die Bilder auf den Sprechblasen an.
Schreibe den passenden Spruch zum Bild auf die Innenseite der Sprechblasen.

Gut gerüstet sein — Für jemanden eine Lanze brechen

Etwas im Schilde führen — Auf einem hohen Ross sitzen — Jemanden im Visier haben

Vorlage „Mini-Sprechblasen"

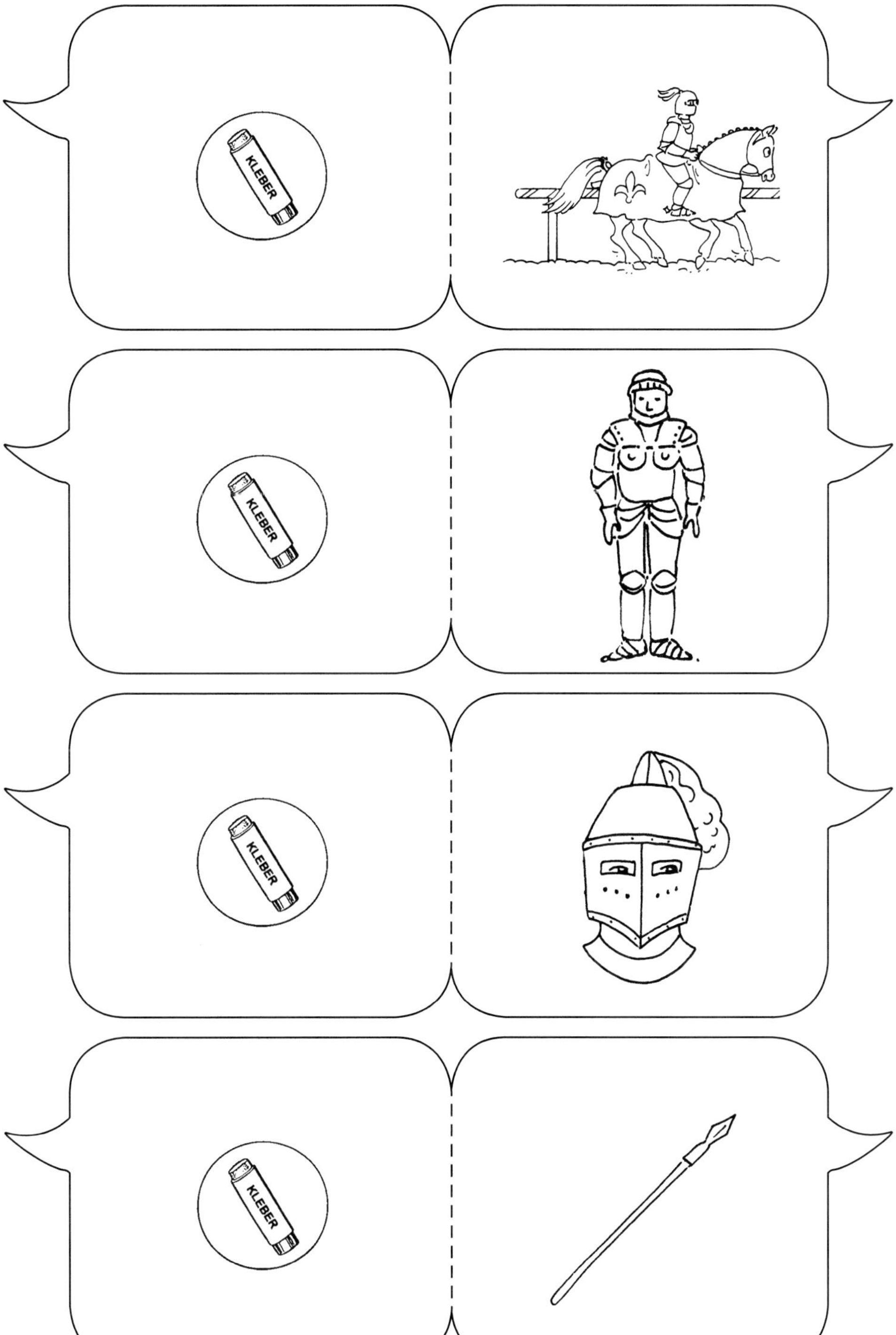

Maße

Im Mittelalter gab es noch keinen Zollstock. Man benutzte deshalb seine Körperteile als Maßeinheit.

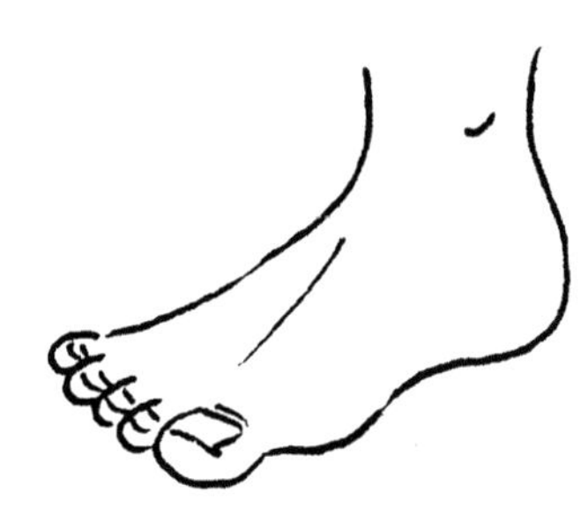

1. Bastle den Faltkreis.

Du brauchst:

Vorlage „Faltkreis"

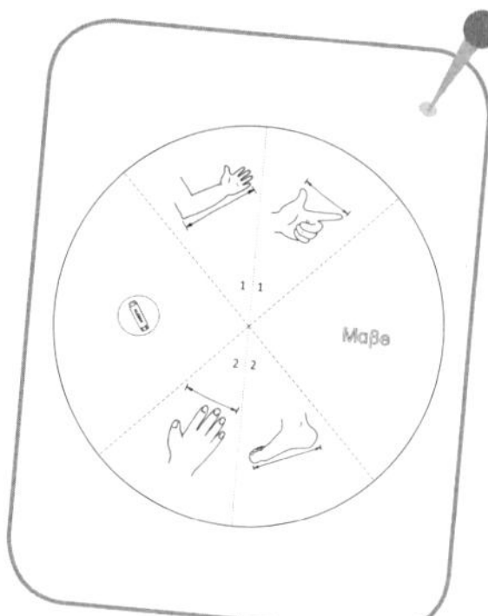

So geht's:

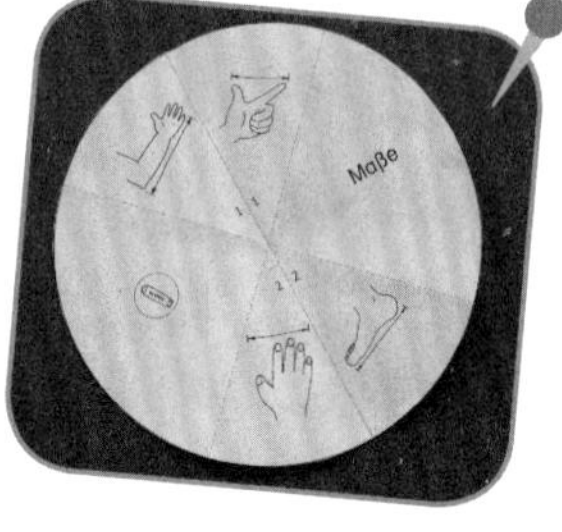

1. Vorlage ausschneiden ——.
2. Vorlage nach innen und wieder zurück falten ······.
3. Vorlage umdrehen und nach innen falten --------.
4. Dreiecke nach innen schieben (1 1 und 2 2 müssen übereinanderliegen).
5. Faltkreis mit der Klebefläche auf das Lapbook kleben.

2. Ergänze die Namen der Maßeinheiten im Faltkreis.

Fuß Elle Spann Handbreit

3. Miss einige Gegenstände mit den Maßeinheiten aus.

Vorlage „Faltkreis“

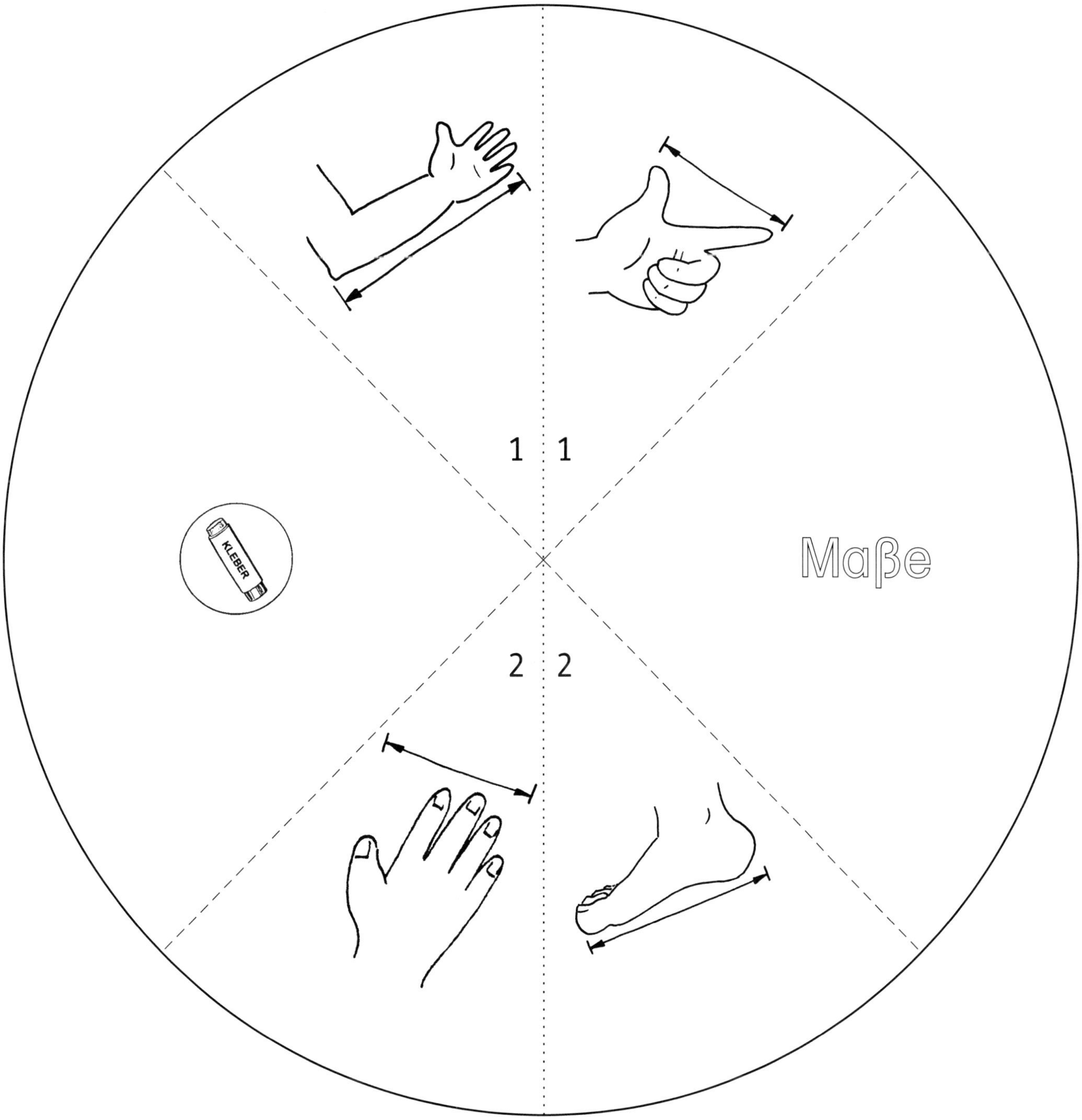

1 1

KLEBER

Maße

2 2

Reisen

Reisen im Mittelalter war schwieriger als heute. Statt mit Auto oder Zug war man zu Fuß oder mit Pferden/Kutschen unterwegs.

1. Bastle das Klappbuch Kutsche.

Du brauchst:

Vorlage „Klappbuch Kutsche"

So geht's:

1. Kutsche ausschneiden ——.
2. Vorlage nach hinten falten --------.
3. Kutsche mit der Klebefläche auf das Lapbook kleben.

2. Wie lange hätte eine Reise früher gedauert?
Von dir zu Hause zur Schule?
In die nächste Großstadt?
In deinen Lieblingsurlaubsland?
Schreibe es in das Klappbuch.

Vorlage „Klappbuch Kutsche"

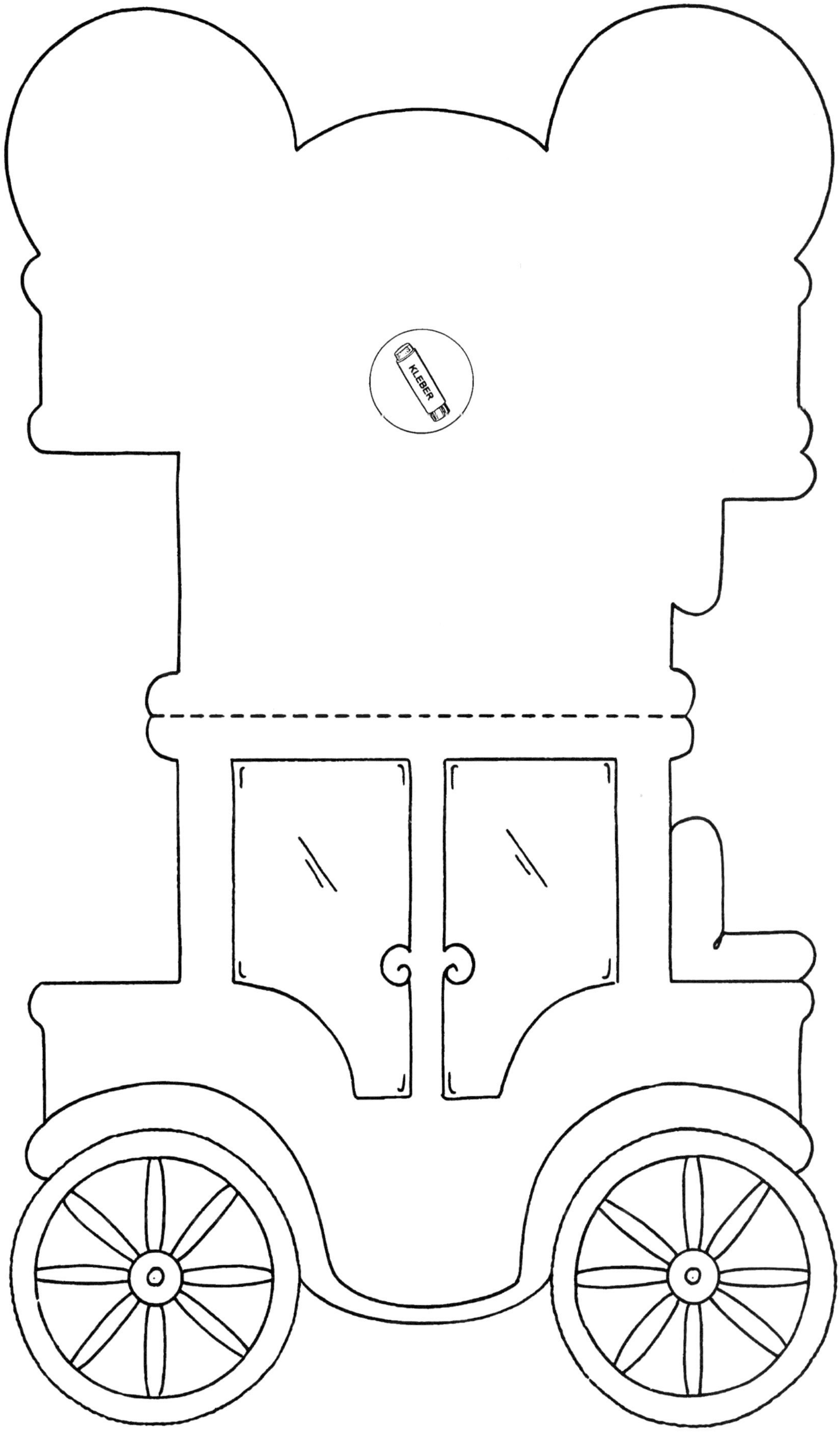

KLEBER

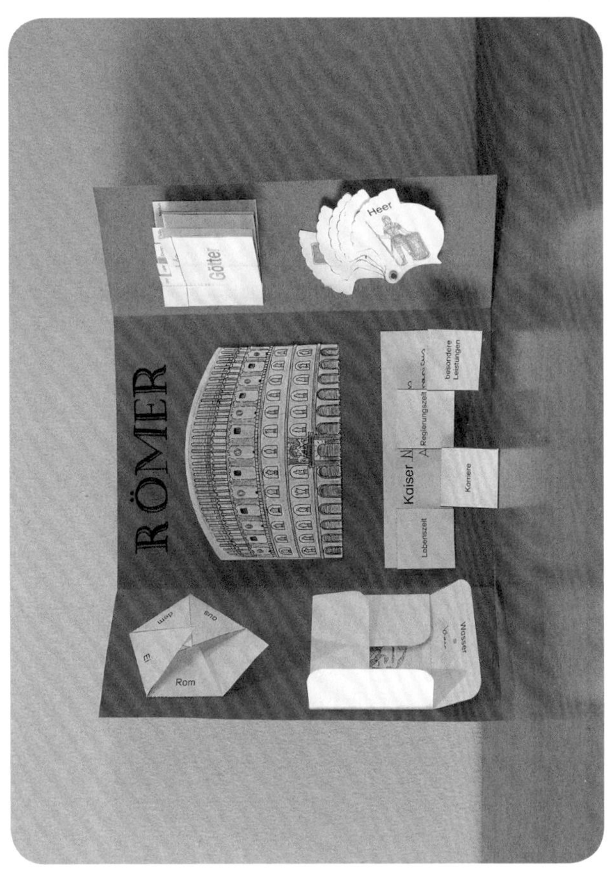
RÖMER
Götter
Heer
Kaiser
Lebenszeit
Regierungszeit
besondere Leistungen
Karriere
Rom

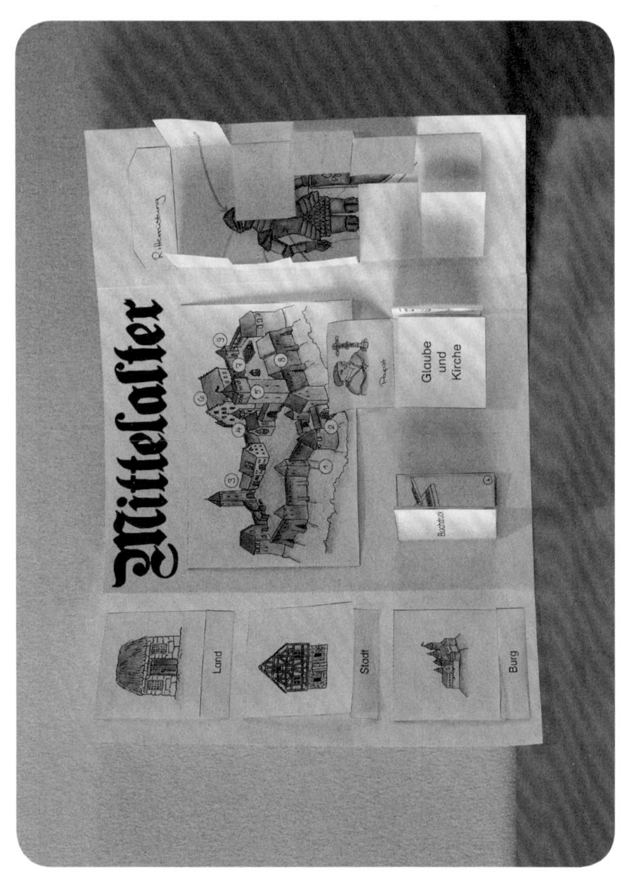
Mittelalter
Land
Stadt
Burg
Glaube und Kirche

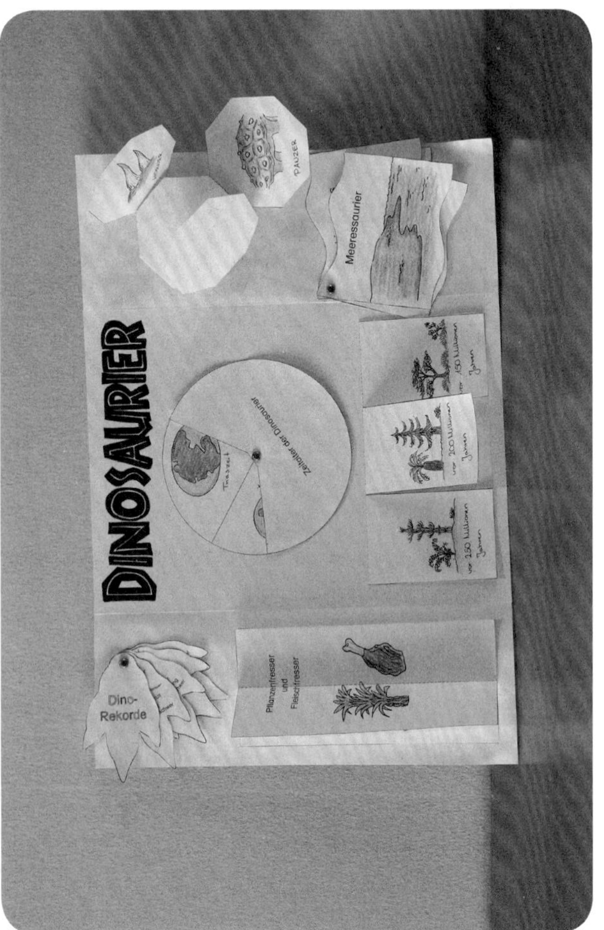
DINOSAURIER
Dino-Rekorde
Pflanzenfresser und Fleischfresser
Zeitleiter der Dinosaurier
Meeressaurier
Panzer

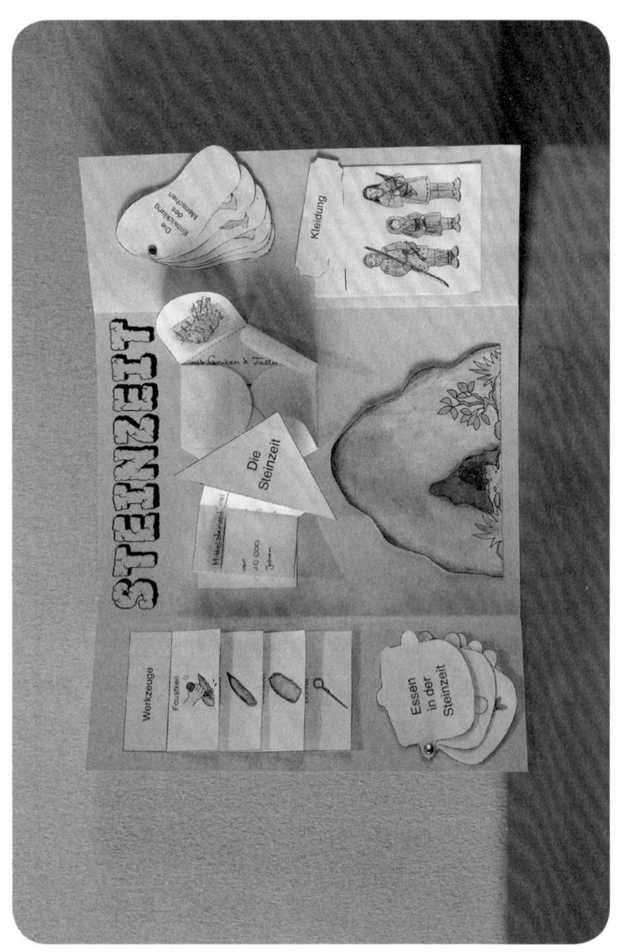
STEINZEIT
Werkzeuge
Faustkeil
Essen in der Steinzeit
Die Steinzeit
Kleidung